Grüße aus Ditzendorf!
R
S
M
Humboldt
Schattenboxer und Abenteurer; riskiert alles für seine Lieben und blickt jeder Gefahr mutig ins Auge
E
H
Baal
der James Bond unter den Katzen; lässt niemanden in seine Karten blicken
Babs
Supermama; wuppt alles alleine und schnitzt dabei noch die besten Gurkenrädchen
LOTTO

Meike Betz

# Hamster Humboldt

## In der Größe liegt die Kraft

*Meike Betz* wurde 1982 in einer Kleinstadt auf der Schwäbischen Alb geboren, heute lebt sie mit Mann und Sohn in Esslingen. Sie studierte Soziologie und Erziehungswissenschaft und war in verschiedenen Forschungsprojekten von Rechtsextremismus bis Verkehrserziehung tätig sowie als Redakteurin. In den vergangenen Jahren baute sie eine junge Bildungsstiftung in Stuttgart mit auf. Ihre Freizeit verbringt sie meist mit der Familie auf dem Spielplatz oder im Schwimmbad.

*Sonja Kurzbach,* geboren 1983 in Ostfriesland, machte eine Ausbildung zur Mediengestalterin und studierte an der Akademie für Illustration und Design in Berlin. Neben ihrer Tätigkeit als freie Illustratorin fährt sie Fahrrad durch das hektische Berlin, macht Karate und geht gerne auf Konzerte.

*www.shortriver.de*

Meike Betz

# Hamster HUMBOLDT

## In der Größe liegt die Kraft

Mit Illustrationen
von Sonja Kurzbach

Arena

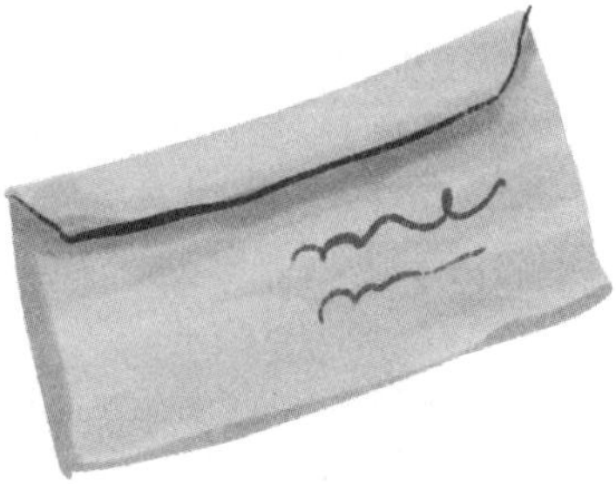



1. Auflage 2020

Rottendorfer Straße 16, 97074 Würzburg

Covergestaltung und Innenillustrationen: Sonja Kurzbach
Layout und Satz: Manja Hellpap, Berlin
Gesamtherstellung: Westermann Druck Zwickau GmbH
ISBN 978-3-401-60508-1
Besuchen Sie den Arena Verlag im Netz:
*www.arena-verlag.de*

# Samstag
# (K)EIN NORMALER MORGEN

Punkt 5 Uhr 32 klingelte es an der Haustür.

Elli, die neben mir schlummerte, murmelte etwas und grub sich tiefer unter ihre Bettdecke. Auch im Zimmer ihrer Mutter blieb alles still. Typisch, außer mir wachte wieder mal keiner auf. Das ist der Unterschied zwischen meinen ausgezeichneten Hamsterhorchern und dem traurigen Abklatsch, den Menschen ihre Ohren nennen. Musste ich eigentlich alles selbst in die Pfote nehmen? Seufzend wurstelte ich mich aus Ellis roten Ringellocken, mit denen ich mich zugedeckt hatte, und kämpfte mich zwischen Bettdeckentälern und Kissenbergen hindurch bis ans Ende des Bettes. Nackt und schutzlos ragte ihr Fuß vor mir auf. Noch schlief sie friedlich ... Ich war wirklich nicht erpicht darauf, was nun zu erledigen war. Aber ein Hamster muss tun, was ein Hamster eben tun muss. Also kniff ich die Augen zusammen, hielt die Luft an und biss in Ellis großen Zeh. Nicht schlimm natürlich. Aber doch stark genug, damit sie davon aufwachte. Dann passierten zwei Dinge gleichzeitig: Elli fuhr hoch und es klingelte wieder.

»Das Postauto ist da!«, rief Elli, rollte sich aus dem Bett und stolperte aus dem Zimmer.

Typisch! Da quälte ich mich extra aus meinem abenteuerlichen Traum, übernahm schon am frühen Morgen die ganze Verantwortung und was war das Ende vom Lied? Ich hatte Käsefuß-Geschmack im Mund, aber die junge Dame glaubte, sie wäre von alleine aufgewacht, weil sie das Klingeln »gehört« hatte. Pah!

Etwas verstimmt ließ ich mir Zeit, ihr zu folgen. Als ich in den Flur kam, hatte Babs, die mütterliche Schnarchnase, die gelbe Postbox schon in Empfang genommen und trug sie in die Küche.

Elli nahm mich auf ihre Hand und rieb ihre Wange an meinem Fell: »Guten Morgen.« Ach, meine Wuscheline … Sofort war ich wieder versöhnt.

Babs kochte Kaffee und Kakao und Elli deckte den Frühstückstisch mit unseren liebsten Morgensnacks. Kurz darauf saßen meine geliebten Mädels am Tisch. Ich thronte mitten darauf und schnurpste Gemüse.

»Als hätte man zwei hungrige Löwen am Tisch«, schmunzelte Babs, die ihren Kaffee schlürfte und dabei zusah, wie Elli und ich über Cornflakes und Gurkenrädchen herfielen.

Wenn Babs wüsste! Ich hatte den Hamsterturbo nicht nur eingelegt, weil ich so hungrig war, sondern weil ich ihr gleich beim Sortieren der Post helfen musste. Und zwar noch bevor Briefträger Theo auftauchte, um sie im Dorf zu verteilen. Obwohl ich ihr jeden Tag zur Seite stand, ahnte Babs nichts von meiner Hilfe. Machte sie einen Fehler, tauschte ich die Reihenfolge der Briefe, sodass sie wieder passte. Heimlich, damit sie nicht dachte, sie sei ein Doofi. Menschen sind so empfindlich und schnell beleidigt, wenn es darum geht, wer schlauer ist: Mensch oder Hamster. Natürlich bin ich das. Aber das musste ich ihr ja nicht auf die barthaarlose Nase binden.

Wir waren gerade erst fertig geworden, da klingelte es schon wieder. Theo war wie immer pünktlich auf die Minute. Aus dem Küchenfenster sahen Elli und ich zu, wie er die Postbox auf seinen Fahrradanhänger lud und losradelte. Wobei ich zugegebenermaßen nur erkannte, dass es Theo war, weil ich es ohnehin schon wusste. Verzwickte Kurzsichtigkeit!

Dann verschwanden meine Mädels in Bad und Kinderzimmer. Für mich der ideale Zeitpunkt für eine Runde Frühsport auf dem Fensterbrett. Ein bisschen Yoga, ein kurzer Sprint auf der Stelle, Schattenboxen. Das übliche Programm. Und überaus wertvoll. Wenn ich mich nicht so fit halten würde, hätte sich erst letzte Woche

eine fette Ratte im Laden eingenistet. Mit wer weiß welchem Ungeziefer im Pelz. Ich fühlte, wie mich die doppelte Hamsterkraft durchströmte, als ich mich daran erinnerte, wie ICH ganz allein unser Heim verteidigt hatte. Schwungvoll wiederholte ich meine besten Tricks: rechter Haken, linker Haken und ein Schwinger auf ihre dreckige Schnauze! Box, box, BUMM. Leider werden meine Mädels das niemals von mir erfahren. Das verbietet der Kodex der Tiere.

Nachdem ich meinen rechten Haken perfektioniert hatte, kletterte ich die kleine Leiter bis zum Fußboden hinunter. Es gab nicht viele Regeln, die ich nach meinem Einzug bei Elli und Babs aufgestellt hatte, aber die wichtigste lautete: »Wo der Hamster hinwill, darf er hin.« Es hatte eine Weile gedauert, bis meine Mädels das begriffen hatten. Aber dann hatte Babs, die handwerklich sehr begabt war, die Wohnung »hamstergerecht« umgebaut. Seitdem waren alle wichtigen Orte durch eine Reihe von Holzleitern bequem für mich zu erreichen. So wie der Tisch, das Waschbecken, das Sofa und eben der Fenstersims in der Küche. Ich brauche schließlich Frischluft beim Sporteln.

Gerade hatte ich den Küchenboden erreicht, als mir etwas Weißes ins Auge fiel. Es lag unter dem Tisch. Ich tippelte näher und erkannte einen Brief. Er war an Ellis Geigenlehrer Herrn Bartel adressiert. Mist. Theo war doch schon unterwegs! Der Brief musste vom Tisch gesegelt sein. Wie hatte mir das entgehen können?

Ich packte den Brief mit den Zähnen, zog und schleppte ihn durch Küche und Flur bis zur Wohnungstür. Dort legte ich ihn neben einigen wartenden Paketen ab. Diese würden wir später mitnehmen. Herrn Bartels Tag hatte ich damit schon mal gerettet.

Im lockeren Dauerlauf folgte ich Elli ins Kinderzimmer. Dort angekommen, kletterte ich auf die altmodische Standuhr neben dem Bett und ließ mich auf deren Pendel nieder.

Mit geschlossenen Augen stellte ich mir vor, das Hin und Her des Pendels wäre das Auf und Ab der Wellen und ich ein verwegener Seefahrer. Ich träumte von einer abenteuerlichen Fahrt auf dem geheimnisvollen Fluss Orinoco, wie sie auch mein Namensvetter, der große Alexander von Humboldt, einst unternommen hatte. Ich gab mich dem Traum hin, wie Alexander durch die tropischen Stromschnellen zu schippern, Krokodilen und Piranhas zum Trotz – auch wenn ich wusste, dass ich meine Mädels in Wahrheit niemals verlassen würde. Sie brauchten mich doch!

Am höchsten Punkt einer »Welle« angekommen, wurde das Pendel plötzlich von etwas getroffen – und mächtig in Schwung versetzt. Eine Attacke aus dem Hinterhalt?! Erschrocken stellte ich mich tot.

Wirklich der schlimmste Tick, den man haben kann. Und wie so oft war das Totstellen nicht hilfreich. Im Gegenteil. Ich verlor den Halt und die Schiffsreise wurde zum Freiflug. Leider schwang das Pendel gerade nicht in Richtung »weiches Bett«, sondern auf die andere Seite zu »harter Kleiderschrank.«

Puh, ich hatte Glück im Unglück. Anstatt wie befürchtet gegen die Schranktür zu klatschen, zischte ich in den Spalt zwischen Wand und Schrank. Hier kam die Reise zu einem abrupten Ende. Fump. Da steckte ich nun. Mein runder Hamsterbauch wurde zu einem platten Pfannkuchen gequetscht. Aua. Aber eine rasche Bestandsaufnahme zeigte mir, dass alles heil geblieben war. Kopf, Bauch, Beine ... Vorsichtig sah ich mich um und starrte acht Augen entgegen. Och nee, ausgerechnet eine Spinne!

Achtauge glotzte mich unverdrossen an. Mir fiel auf, dass diese Spinne nicht nur sehr groß, sondern vor allem schrecklich dünn war. Sie sah hungrig aus. Auf haarigen Beinen stakste sie näher. Hielt sie mich etwa für leichte Beute, weil ich feststeckte? Da irrte sie sich aber gewaltig! Gerade wollte ich »Keinen Schritt weiter!« rufen, als sie sagte: »Hallo. Brauchst du Hilfe?«

Ups. Offensichtlich hatte ich sie falsch eingeschätzt. Ich werde mit diesen Viechern einfach nicht warm. Man weiß nie so recht, woran man mit ihnen ist. Ehrlich, dieses achtäugige Geblinzel ist zu verwirrend. Ein Auge guckt dich liebenswürdig an, das nächste glotzt mörderisch und die anderen sechs machen sowieso, was sie wollen.

»Hallo«, antwortete ich betont freundlich. »Ich bin Humboldt.« Bevor ich mehr sagen konnte, zuckte Achtauge zusammen und nahm Reißaus. Etwas hatte sie erschreckt. Im nächsten Moment wusste ich auch, was. Ein vertrauter Finger pikste mich in den Allerwertesten.

»Humboldt?«, fragte Elli. »Warte, ich hole dich da raus.«

Endlich kam Bewegung in die Sache, als Elli den Schrank fast unmerklich von der Wand wegrückte. Aber das genügte. Ich plumpste auf den Boden, wo ich weich in einem Haufen Flusen landete.

Elli schloss mich in die Arme. »Zum Glück ist dir nichts passiert. Es tut mir so leid!«

Mir, etwas passiert? Quatsch, ich war doch gerade sowieso dabei, mich zu befreien. Aber was war hier überhaupt los?

Ich scannte die Umgebung und entdeckte wild herumliegende Kleidungsstücke. Sofort war mir alles klar. Es gab gar keine Attacke, nur den Wirbelsturm Elli. Auf der Suche nach tragbaren Klamotten hatte sie sich durch den Haufen auf dem Stuhl gewühlt. Was ihr nicht gefiel, hatte sie beiseitegeworfen. Das hatte ich schon öfter erlebt. Allerdings hatte sie zum ersten Mal die Standuhr getroffen und mir einen unfreiwilligen Flug beschert.

»Alles gut?«, fragte sie.

Ich gab ein freundliches Quietschen von mir, um ihr zu zeigen, dass ich unverletzt und nicht sauer war.

Vorsichtig setzte Elli mich aufs Bett und ließ sich im Schneidersitz neben mir nieder. Sie sah traurig aus. War mir etwas entgangen? Ich hopste auf ihren Schoß.

»Ach, Humboldt, ich hätte so gerne mal etwas Neues. Etwas, das nur mir gehört.«

Mir dämmerte, wo das Problem lag. Die meisten von Ellis Sachen hatten vor ihr einen anderen Besitzer gehabt. Wir waren zwar an vielem reich (Lachen, Liebe, Hamsterfutter), aber leider nicht an Geld. Ich ahnte, warum Elli das gerade jetzt massiv doof fand: Heute fand das große Restefest statt und dazu würden sich bestimmt alle kräftig aufmotzen. Besonders ihr Schulkamerad Klaas würde sich in Schale werfen. Der Angeber hatte ständig was Neues: Spielsachen, Fahrräder, Haarschnitte, Klamotten. Keine Chance, da mitzuhalten. Wenn mein Mädchen nur endlich kapieren würde, dass sie das nicht musste. Sie war spitze, so wie sie war. Wozu verglich sie sich mit diesem Hanswurst?

Zärtlich knabberte ich an ihren Fingern. Arme Elli. Als

auch noch eine dicke Träne über ihre Wange rollte, war klar: Anknabbern alleine reichte nicht. Ich musste mich richtig ins Zeug legen. Flink hangelte ich mich an ihren Wuschellocken hinauf und kuschelte mich an ihren Hals.

»Es ist so schön, dich zu haben«, murmelte Elli.

Wir knuddelten noch einen Moment, dann schaltete ich in den nächsten Tröstegang: Vorsichtig kitzelte ich sie mit meinen Barthaaren. Elli kicherte.

»Humboldt, du Strolch, lass das.«

Beflügelt von meinem Erfolg verließ ich die Kuschelkuhle an ihrem Hals und kletterte weiter nach oben. Ich war geübt darin, in ihren Haaren herumzuturnen. Oben angekommen, klemmte ich mir eine dicke Haarsträhne zwischen die Hinterpfoten und seilte mich kopfüber daran ab. Als ich an Ellis Augen vorüberkam, schnitt ich eine Grimasse. Elli schielte. Ich ließ mich weiter hinunter und stupste sie kräftig auf die Nase. Elli brach in Gelächter aus.

Leider hat auch das schönste Herumalbern ein Ende. Babs rief nach uns: »Elli, Humboldt, auf geht's, die Arbeit ruft!«

# Samstag
# DIE FRÜHEN VÖGEL

»Babs' Lädchen« ist der einzige Geschenkeladen im Ort. Hier können die Leute Kerzen, Schokoschweine, Bilderrahmen aus Muscheln, Jumbotassen, Kalender und noch vieles mehr kaufen. Und seit das einzige Postamt im Dorf geschlossen hatte, kümmerten wir uns auch um die Post.

Obwohl wir in der Wohnung direkt über unserem Laden wohnten, kamen wir ständig zu spät zur Arbeit. So auch an diesem Tag. Einige Kunden standen bereits vor der großen Glastür und warteten darauf, ihre Pakete abholen zu können oder Zeitschriften zu kaufen. Eine besonders ungeduldige Frau klopfte an die Tür und wedelte mit den Armen wie ein flatterndes Huhn.

»Die frühen Vögel sind schon da«, sang Babs leise in der Melodie von »Alle Vögel sind schon da«.

Prompt sang Elli zurück: »Alle, wirklich alle! Welch ein Drängeln, Rum-ge-he-schiiiieb, schwatzen, schnattern, wuuuuseln.«

Oh bitte, waren wir hier im Musical? Leider genügte es meinen Mädels nicht, dienstags im »Ditzendorfer Popchor« mitzuträllern. Auch zu Hause wurde ständig gesungen. Fröhlich, laut und oft falsch. Um das zu erkennen, brauchte man nicht einmal meine super Hamsterhorcher.

Ich betrachtete die drei wartenden Kunden: Frau Becker mit ihrer Pudeldame MiuMiu im Schlepptau, Herr von Ansberg, der Vater von dem Angeber Klaas. Er kam mit seinem Boxer Bruce, dieser Hohlbirne. Und Herr Bartel, Berthold Bartel, Ellis Geigenlehrer. Der gute Mann ist ein wandelnder Topflop. Unglaublich tollpatschig und vergesslich! Keine Ahnung, wie oft ich ihm schon die Brille oder den Hut nachschleppen musste. Oder ihn mit lautem Fiepen an den Regenschirm erinnern …

Ich muss einfach auf A-L-L-E-S achtgeben. Mein Einzug bei Elli und Babs war der reinste Glücksfall für die Ditzendörfler. Im Unterschied zu unserer Wohnung waren im Laden fast keine Leitern nötig. Babs hatte einfach Hängepflanzen auf die Regale gestellt. Das machte es nicht nur grüner und schöner, vor allem war so ein dicker Philodendron eine tolle Kletterhilfe. Nur zu Babs' Ladentheke am hinteren Ende des Geschäfts führte eine elegante, kleine Strickleiter.

Ich erklomm mein Lieblingsregal, das an der Wand gegenüber des großen Schaufensters angebracht war. Auf mittlerer Höhe saßen einige Teddybären und ähnliches Getier. Von hier aus hatte man den ganzen Laden im Blick. Und das große Plus: Zwischen den Plüschtieren entdeckte man mich nicht so leicht. Wenn ich eines nämlich nicht leiden kann, dann von wildfremden Menschen getätschelt zu werden. Bäh.

Ich beobachtete, wie Babs den »frühen Vögeln« die

Tür aufsperrte. Als sie an mir vorbeigingen, juckte meine Schnauze und ich musste niesen. Frau Becker stank in vier Schichten. Um ihre Betonfrisur waberte eine Haarspraywolke, vom Hals bis zum Bauch roch sie nach Parfüm und ihre Hose müffelte nach nassem Hund. Über allem lag der Duft von Mottenkugeln, Miefrichtung: Lavendel.

Wie immer blieb MiuMiu für einen Plausch bei mir stehen. Sie quasselte munter über Halsbandmode, Pudellocken, den Hundefriseur ... Gähn.

»Dort soll es sogar ein richtiges Wellnessbad für Hunde geben«, sagte MiuMiu. »Genau das Richtige für mich. Nicht nur ein kurzes Duschbad. Oh nein! Sondern mit allem Drum und Dran, sogar Massage!«

Moment. Jetzt hatte ich den Faden verloren. »Wovon redest du?«, fragte ich.

MiuMiu riss erstaunt ihre Kulleraugen auf.

»Sag bloß, du hast es noch nicht gehört?! Herr von Ansberg wird ein Hundehotel eröffnen. Ein ganz nobles Ding.«

Das war typisch MiuMiu. Sie gab einem immer das Gefühl, hinterm Mond zu leben. Das ärgerte mich und ich beschloss, nicht weiter nachzufragen.

Bruce, der sich stets als Leibwächter von Herrn von Ansberg aufspielte, sah böse zu uns herüber und knurrte warnend. Bildete er sich etwa ein, sein Herrchen sei so fein, dass Normalos wie wir nicht einmal über ihn reden durften? Bruce ließ seine Muskeln spielen, die Hundemarke an seinem Hals klirrte leise. Doch sein Bodybuilder-Getue beeindruckte mich nicht. Im Gegenteil. Ich lass mir von niemandem vorschreiben, was ich zu tun habe. Auch nicht von einem Boxer, der 200-mal so schwer ist wie ich.

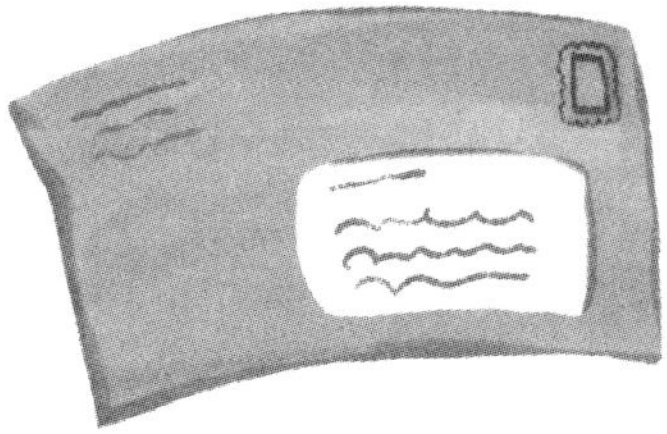

Herr Bartel hatte sich inzwischen seine Magazine ausgesucht und ging zum Tresen, um zu bezahlen.

»Guten Morgen«, begrüßte ihn Babs. »Heute habe ich noch etwas für Sie.«

Mit diesen Worten gab sie ihm den Brief, den ich unter dem Esstisch aufgespürt hatte.

Offensichtlich neugierig öffnete Herr Bartel den Umschlag. Seine Miene verfinsterte sich beim Lesen. Er seufzte tief, als hätte er die ganze Welt gegen sich. Unglücklich murmelnd verließ er den Laden. »Sind die denn nie zufrieden? Immer wollen sie Geld. Geld, Geld, Geld ...«

An der Tür stieß er mit Frau Geist zusammen, die gerade hereinkam. Ihr Kater Baal lief an einer Leine neben ihr. Herr Bartel wäre beinahe darüber gestolpert. Im letzten Augenblick machte er einen peinlichen Hopser, um nicht auf die Nase zu fallen. Baals Blick war so verächtlich, dass ich mich für Herrn Bartel und seine Hopserei schämte. Der Kater war so lässig und elegant. Bei anderen Katzen wäre die Leine echt schräg gewesen. Bei ihm wirkte es nur, als wollte er Frau Geist im Zaum halten, damit sie nicht plötzlich auf die

Straße rannte. Schade, dass er kein Hamster war. Zwei so clevere Typen wie wir könnten Freunde sein. Obwohl … dass er sich selbst ach-so-toll fand, würde mich auch bei einem Hamster echt nerven. Erst recht bei einem neunmalklugen Kater, der mich jederzeit fressen könnte.

Ich kletterte im Regal noch eine Etage nach oben. Aus sicherer Entfernung rief ich hinunter: »Hey, Pinscher, wie geht's?«

»Komm runter, wenn du dich traust, Nervbacke. Ich mach dich zur Hauptattraktion an meinem Kratzbaum.«

Frau Geist bückte sich und nahm Baal auf den Arm. »Sch, sch, sei ein braves Katerchen«, murmelte sie.

Er verdrehte die Augen und ich grinste schadenfroh.

»Schaut euch das süße Schoßhündchen an!«, rief ich, was Baal nur noch mehr aufregte.

Ha! Diese Runde ging klar an mich. Hamster 1, Kater 0. Was für ein schöner Tag.

Baal wand sich wütend aus Frau Geists Umarmung und machte Anstalten, zu mir nach oben zu klettern. Doch da stürzte sich Bruce knurrend und zähnefletschend auf ihn. Nicht, dass ihn unser Streit etwas anging. Es war nur ein billiger Vorwand, sich aufzuspielen. Aber wenn jemand Baal zusammenstauchen durfte, dann war ich das!

Ich stieß ein Quieken aus, schmerzhaft schrill für Hundeohren. Und tatsächlich schaute der Depp zu mir hoch. Ohne zu zögern, schubste ich eine silbrige Obstschale vom

Regal. Im nächsten Moment stand – statt eines knurrenden Boxers – ein pelziger Astronaut mit Obstschalenhelm im Laden. Volltreffer! Die Schale hatte sich im Flug um die eigene Achse gedreht und war direkt auf Bruce' Dickschädel gelandet. Augen, Ohren, die geifernde Schnauze … Alles war jetzt bissfest verpackt.

Baal nickte mir anerkennend zu.

Leider waren die Menschen im Laden nicht halb so lässig wie der Kater. Unbeholfen versuchten sie, den »armen Hund« zu befreien. Was nicht so einfach war, weil der sich aufführte wie ein Bulle beim Rodeo. Frau Geist tupfte sich mit einem Tuch nervös das Gesicht, während die anderen aufgeregt durcheinanderplapperten. Belustigt beobachtete ich die Szene, als mir eine raue Stimme – begleitet von Thunfischgestank – ins Ohr hauchte: »Nimmst du das ›Schoßhündchen‹ freiwillig zurück oder muss ich dir erst ein paar Löcher in den Pelz bohren?«

Baal war unbemerkt zu mir hochgeklettert. Vor Schreck pieselte ich fast aufs Regal. Aber nur fast! Ärger stieg in mir hoch. »Machst du Witze? Ich habe dich gerade gerettet!«, raunzte ich ihn an.

»Gerettet?« Er lachte herzhaft. »Bild dir nicht zu viel ein, Kleiner.«

Hallo? Wie wäre es mit ein wenig Dankbarkeit? Bei so viel Unverschämtheit blieb mir glatt die Spucke weg.

Nachdenklich sah er mich an. »Du siehst nicht besonders lecker aus, aber manchmal muss ein Kater Opfer bringen ...«

»Wenn du mir zu nahe kommst, reiß ich dir die Schnurrhaare aus«, drohte ich ihm und gab mir dabei große Mühe, furchtlos zu klingen.

Baal grinste nur. Schaurig-scharfe Krallen schnellten aus seiner Pfote wie Klappmesser. Er schwenkte sie dicht vor meinem Gesicht. Ohne es zu wollen, ließ ich mich fallen und stellte mich tot. Schon wieder. Nerv!

»Netter Versuch, Kleiner.« Noch mehr Thunfischgestank drang mir in die Nase. Ich bereitete mich schon auf den tödlichen Biss vor, da hörte ich das Läuten der Türglocke. Als ich mich wieder aufrappelte, war der Laden leer. Alle weg. Frau Geist musste Baal vom Regal gepflückt haben. Puh!

Nachdem sich mein Hamsterherz erholt hatte, war es an der Zeit, zum nächsten Tagesordnungspunkt überzugehen: Ordnung zu machen. Ich lief das Regal entlang, rückte

Figürchen zurecht und wischte mit meinem flauschigen Bauch Staub von den Reiseweckern. Ich hatte gerade begonnen, mein Fell auszuklopfen, als die Ladentür wieder aufging und Ellis Cousin Patrick hereinstürmte. Auf seinem Rücken trug er einen knallroten Rucksack, aus dem seine Schildkröte ihren Kopf streckte.

»Hi, Waranya!«, rief ich zu ihr hinunter und winkte.

Meine alte Freundin nickte mir zur Begrüßung zu.

Elli sprang von der Ladentheke. »Hallo, Pats, endlich bist du da. Lass uns loslegen.«

Ich beeilte mich, von meinem Regal zu klettern. Elli und Patrick wollten zusammen mit den anderen Kindern aus der Nachbarschaft helfen, das Restefest auf dem Schulhof gegenüber vorzubereiten. Da musste ich dabei sein!

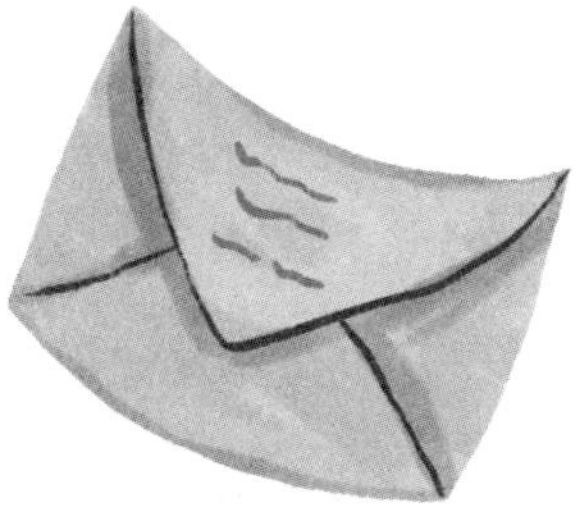

# Samstag
# (K)EIN GRUND ZU FEIERN

Waranya wackelte begeistert mit dem Kopf. »Starker Rhythmus«, sagte die Schildkrötendame und strahlte über das ganze faltige Gesicht.

Musik lockte meine alte Freundin stets aus ihrem Panzer. Sogar die »Affenstarken Fetenhits«, die aus den Lautsprechern donnerten.

Mein Magen gluckerte wohlig. Kein Wunder, ich hatte schon das halbe Haustierbüfett leer gefuttert. Nun plauderte ich entspannt mit Waranya und freute mich des Lebens. Das hatte ich auch mehr als verdient. Gemeinsam mit Elli und den Nachbarskindern hatte ich den ganzen Mittag geschuftet, um das Restefest vorzubereiten. Mit Bollerwagen waren wir von Laden zu Laden gezogen und hatten eingesammelt, was nicht mehr gebraucht wurde. Das Restefest war vermutlich die einzige Feier, bei der es gleichzeitig Couscous, Krapfen und Kohlrabi zu essen gab und auf der im Hochsommer mit Weihnachtsgirlanden dekoriert wurde.

»Schau mal, Frau Geist schwingt das Tanzbein«, verkündete Waranya.

Oh nein! Wo Frau Geist war, konnte Baal nicht weit sein. Ich hatte gerade noch Zeit, um mich innerlich zu wappnen, als er auch schon zu uns auf den Tisch sprang. Warum musste der unverschämte Nervbert immer dort auftauchen, wo ich war?

Er nickte meiner Freundin zu. »Frau Waranya, ich grüße Sie.«

Zu mir war er nicht ganz so höflich. »Hallo, Kartoffelkopf.«

Er grinste breit und zeigte seine Zähne.

»Schöne Beißerchen«, antwortete ich. »Gab's die nicht in Weiß?«

»Sehr lustig. Hast du den Spruch auswendig gelernt?«, fragte er. »Musstest du etwas anderes vergessen, damit er Platz in deinem winzigen Spatzenhirn gefunden hat?«

»In meinem Kopf hat so einiges Platz. Aber wenn du eine Fliege verschluckst, hast du mehr Gehirn im Bauch als in deinem Dickschädel.«

Baals Augen funkelten. Er kam ganz, ganz dicht heran und flüsterte in mein Ohr: »Aber warum sollte ich denn eine Fliege schlucken, wenn ich auch dich fressen kann?«

Mir wurde flau im Magen. Das ließ ich mir aber nicht anmerken. Stattdessen wandte ich mich an Waranya. »Wie wäre es mit einem Tänzchen?«

Sie nickte und ich kletterte so lässig wie möglich auf ihren Panzer. Mit einem süßen Lächeln rief ich Baal zu: »Wir tanzen jetzt, bis der Tierarzt kommt! Dann kann er sich gleich deine gelben Zähne ansehen.«

Mein Abgang wäre cool gewesen, wenn Waranya nicht so schwerfällig wäre. So wurde es peinlich. Während ich auf dem Schildkrötenrücken unendlich langsam von dannen ritt, putzte Baal sich erst einmal ausgiebig. Dann streckte und dehnte er sich gemächlich und überholte uns noch, bevor wir auch nur die Tischkante erreicht hatten. Er verabschiedete sich mit den Worten: »Halt dich gut fest, wir wollen doch nicht, dass meinem Lieblingssnack etwas passiert bei der rasenden Geschwindigkeit.«

Sprachs und verschwand lachend zwischen den Menschenbeinen unterm Tisch. Ich ärgerte mich noch immer, als kurz darauf Elli angelaufen kam und mich hochhob. Sie hatte ihren Cousin Patrick und Abdi, den Sohn des Gemüsehändlers, im Schlepptau. Die drei setzten sich hin, um zu schwatzen. Laaangweilig!

Ich zog mich in Ellis Lockenpracht zurück, von wo aus ich einen guten Ausblick hatte. Zufrieden stellte ich fest, dass sich die meisten Zwei- und Vierbeiner ganz vernünftig benahmen. Ich musste nirgends zur Tat schreiten. Doch meine gute Laune kippte, als ich Klaas heranschlendern sah, diesen obercoolen Angeber. Der war noch schlimmer als Baal. Prompt pflückte Elli mich auch schon aus ihren Haaren und stopfte mich in ihren Ärmel. Ich verstand einfach nicht, warum sie vor ihm immer so tat, als wäre ich »nur« ein ganz normales Haustier und nicht ihr allerbester Freund.

Wütend strampelte ich mich frei. Als ich den Kopf aus ihrem Ärmel streckte, setzte sich Klaas gerade neben Elli und zog ein Handy aus der Hosentasche. War ja klar, dass der Schnösel eines hatte.

Elli lächelte ihn an. »Wow, cooles Handy.«

Würg! Wie mich das nervte.

»Ist nagelneu. Willst du mal einen superwitzigen Clip sehen?«

Natürlich wollte Elli. Klaas tippte auf ein kleines Symbol und der Internetbrowser öffnete sich. Er schrieb etwas in die Suchleiste, doch nichts geschah.

»Mist, der Bildschirm ist schon wieder eingefroren«, beschwerte er sich. »Ich glaube, Papa muss es umtauschen.«

Auch wenn bei uns nur Babs ein Handy besaß, kannte ich mich doch ein bisschen aus. Dafür hatte ich genügend Technik-Zeitschriften von Lenni und Kenny, Frau Beckers Neffen, angeknabbert.

»Eingefroren« bedeutete, dass das angezeigte Bild auf dem Display festklebte. Tja, auch bei dem Hanswurst funktionierte wohl nicht immer alles tippitoppi. Oder er war doch nicht so ein Schlauberger, wie er immer tat.

Ich streckte den Kopf noch weiter aus Ellis Ärmel, um die Sache genauer unter die Lupe zu nehmen. Das eingefrorene Bild zeigte die Suchleiste und darunter drei Bildchen, auf denen Neuigkeiten angepriesen wurden. Anscheinend gab es schon wieder einen Wirbelsturm über dem Atlantik, die Lottozahlen standen fest und das beste Katzenvideo des Jahres hatte einen Preis erhalten. Wenn sich die Gelegenheit bietet, schaue ich sehr gerne Katzenvideos. Es ist immer schön zu sehen, wie sich meine Erzfeinde in Socken verheddern oder vor ihrem Spiegelbild erschrecken. Das entschädigt mich ein bisschen für Baals andauernde Überheblichkeit. Allein bei der Vorstellung musste ich grinsen.

Doch dann bemerkte ich es! Wie hatte ich das nur übersehen können?

Da standen sie, direkt vor meiner Schnauze:

die Lottozahlen.

UNSERE Zahlen!

Ich war zu 1000% sicher. Solange ich mich erinnern konnte, hing ein Zettel mit genau diesen Zahlen an unserem Kühlschrank.

2 – 16 – 20 – 24 – 36 – 42

Oh.

Du.

Heiliges.

Laufrad!

Wir hatten im Lotto gewonnen! Gewonnen! Wir!

Nicht zu fassen!

Mein Herz hüpfte vor Freude.

Aber Elli bemerkte gar nichts. Sie hatte nur Augen für den Schnösel.

»Ich wünschte, Mama würde mir auch ein Handy kaufen.«

»Viel Glück dabei, die Teile sind nicht ganz billig«, antwortete Klaas überheblich.

Zum hundertsten Mal nahm ich mir vor, diesen herablassenden kleinen Pupser einmal kräftig in den Hintern zu zwicken. Aber jetzt war keine Zeit dafür. Ich versuchte, mich aus Ellis Ärmel zu wursteln, aber sie schob mich immer wieder zurück.

»Mensch, Elli, ein Lottogewinn, raffst du es denn nicht?«

Aber natürlich konnte sie mich nicht verstehen.

»Sch«, machte sie.

»Was ist denn mit deinem Fellknoten los?«, fragte Klaas.

Was los war? Der Fellknoten konnte bald fünf Handys, ach was, eine eigene Handyfirma kaufen! Aber dafür musste Elli endlich begreifen, was geschehen war. Wenn sie es nicht hören wollte, musste ich es eben bei Babs versuchen.

Flink kraxelte ich Ellis Arm hoch, über die Schulter hinweg, rutschte ihren Rücken runter und hangelte mich ihr Bein hinab. Und dann: Ab durch die Mitte!

Ich raste über den Hof wie ein geölter Blitz. Oder, na ja, zumindest wäre ich gerne gerast. Aber aufgeregt, wie ich war, stopfte ich mir im Vorbeigehen die Hamsterbacken mit heruntergefallenem Popcorn voll. Das hält einen natürlich auf. Es ist zum Mäusemelken! Ich bin clever und fix, aber mit dieser sinnlosen Vollstopferei kann ich einfach nicht aufhören. Das ist genau wie mit der Totstellerei. Einfach peinlich!

Während der letzten Meter brüllte ich aus vollem Hals: »Babs, Baaabs, Baaaaabs!«

Babs sah in meine Richtung. Sie kapierte sofort, dass etwas los war. Ich raste schließlich nicht zum Vergnügen wie angestochen durch die Gegend. Ein neuerlicher Versuch, nach ihr zu rufen, geriet zu einem japsenden Husten. Rufen und Rasen passen einfach nicht zusammen. Ich musste kurz innehalten. Leider führte das Babs auf die falsche Fährte. Ein panischer Ausdruck trat in ihr Gesicht und sie hastete mir entgegen, packte mich und schüttelte mich kopfüber. Dabei kreischte sie: »Atme, Humboldt, atme!« Offensichtlich glaubte sie, ich würde ersticken.

Plöpp, plöpp, plöpp fiel mir das eben eingehamsterte Popcorn aus der Schnauze. Erst als meine Backen leer waren, setzte sie mich wieder ab. Die Aktion hatte auch Elli, Patrick und sogar Klaas angelockt.

Alle starrten mich besorgt an. Und ich starrte großäugig zurück.

Da saß ich nun und wollte die großartigen Neuigkeiten so laut herausposaunen, dass meinen Mädels die Ohren flatterten. Aber wie?

»Was ist denn mit dem los?«, fragte Klaas, der immer noch sein Handy in der Hand hielt.

Das Handy, das war's! Mit einem lauten Fiepen – halb angriffslustig, halb verzweifelt – sprang ich auf seine Hand und traktierte diese mit geübten Kicks. Leider war das zu viel des Guten.

»Huch«, keuchte Klaas und ließ das Handy nicht nur los, sondern schleuderte es geradezu von sich – und mich dazu. Doch bevor ich auf den Boden knallen konnte, fing Babs mich auf. Als ich den Schreck verdaut hatte, sah ich, dass Elli das Handy gefangen hatte.

Puh, Glück gehabt!

Ungläubig glotzte Elli auf das Gerät.

Dann ging alles ganz schnell.

»Das sind unsere Zahlen, Mama!«, rief sie so laut, dass es auch der letzte Besucher des Restefests hören musste.

Endlich! Sie hatten es begriffen.

»Welche Zahlen?« Babs guckte verständnislos auf das Handy.

Das durfte doch nicht wahr sein. Wie konnte man so sehr auf dem Schlauch stehen?

Dann, endlich, schien die Botschaft in ihr Gehirn zu sickern. »Oioioioioioioioioioioioioi!«, machte sie.

Eine Meute Neugieriger drängte sich dicht um uns. Alle redeten durcheinander: »Was ist los?« »Ist alles in Ordnung?« »Habe ich das eben richtig gehört?«

Ich war echt froh, als Babs sagte: »Du meine Güte, Elli, lass uns heimgehen. Ich muss unseren Glücksschein mit eigenen Augen sehen.«

Nun gab's kein Halten mehr. Leider galt das auch für die Meute Ditzendorfer, die uns folgte. Allen voran marschierte Frau Becker, die fast genauso an Tratsch interessiert war wie MiuMiu.

Mit zittrigen Fingern sperrte Babs die Haustür auf. Klein und Groß drängelte sich mit uns die Treppe hinauf und stürmte unsere kleine Wohnung. In der Küche hing er: Unser Lottoschein!

Gehalten wurde er von vier Glücksmagneten: einem Regenbogen, einem Hufeisen, einem Kleeblatt und einem wachsamen Auge.

Wir starrten ihn eine Weile ehrfürchtig an und machten keinen Mucks.

Dann explodierte die Küche in Lärm. Alle klatschten, grölten und brüllten Glückwünsche. Elli und Babs umarmten sich innig.

»Nie wieder Geldsorgen, Mama«, flüsterte Elli.

So viel Glück auf einem kleinen Stück Papier, dachte ich und erinnerte mich an das Trauerspiel heute Morgen. Auf dem nächsten Restefest könnte Elli im Ballkleid und mit Limousine vorfahren. Und wem hatten meine Mädels zu verdanken, dass sie überhaupt von ihrem Gewinn erfahren hatten? Mir! Ihrem stets aufmerksamen Humboldt.

# Sonntag
# TAUSEND WÜNSCHE

Am Sonntag hatten wir Wichtiges vor: Pläne schmieden! Beim Frühstücken fingen wir damit an. Zur Feier des Tages machte Babs heiße Schokolade mit einer dicken Haube Schlagsahne, an der sogar ich mal kurz schlecken durfte. Dann legte Elli Musik auf und meine beiden Mädels machten es sich auf dem Sofa gemütlich. Ich thronte auf einem Kissen – ganz Herr der Lage.

»Ein eigenes Auto, das wäre was«, schwärmte Babs. »Und wir könnten den Laden endlich mal richtig toll einrichten. Ich habe genug von diesen uralten Holzregalen. Bretter vom Boden bis zur Decke, das ist doch nicht mehr modern.«

Hm, das stimmte schon. Der Laden konnte neue Möbel vertragen. Genau wie unsere Wohnung. Aber darum wollte sie sich doch hoffentlich erst nach einem riiichtig langen Urlaub kümmern, oder? Weit weg in den Süden, wo wir einsame Inseln erkunden oder Urwälder durchforsten könnten. Schließlich kommt mein Name nicht von irgendwoher. Wer weiß, vielleicht gelänge es mir sogar, eine neue Tierart zu entdecken? Einen seltenen Schmetterling mit Horn zum Beispiel. Den einhörnigen Humboldtulus.

Elli unterbrach meine Gedanken, als sie begann, ihre Wünsche lautstark aufzuzählen:

»Neue Klamotten, ein neues Kletterparadies für Humboldt, ein Handy ...«

»Auf keinen Fall«, fiel Babs ihr ins Wort. »Für ein Handy bist du viel zu jung.«

Elli zog eine Schnute, ließ sich aber nicht die Laune verderben.

»Ein Pony!«

Babs schüttelte lächelnd den Kopf. Es war eines von diesen erwachsenen »Neins«, aus dem ein »Ja« wird, wenn man hartnäckig bleibt. Typisch Babs, dass sie eher ein Pony als ein Handy erlauben würde. Und wahrscheinlich noch einen halben Zoo anderer Tiere, wenn Elli nur lange genug betteln würde. Das merkte meine Kleine natürlich sofort. Hoffentlich kam sie nicht auf die Idee, sich einen Stubentiger zu wünschen. Dann wäre ich nicht mal mehr zu Hause sicher vor diesen nervtötenden Fellklöpsen.

»Ich hab's!«, rief Elli. »Wir kaufen einen Bauernhof. Nicht nur mit einem Pony, auch mit Kühen und Hühnern und Hasen und ...«

»... einem Hund vielleicht auch noch?«, erkundigte sich Babs.

»Ja, genau.« Elli nickte.

Oh, oh, jetzt lief das Ganze in eine Richtung, die mir gar nicht mehr gefiel. Wann hätte Elli bei so viel tierischer Konkurrenz noch Zeit für meine Wenigkeit? Ich mag vielleicht klein sein, aber ich brauche meine täglichen Streicheleinheiten. So nett Kühe und Hühner auch sein mochten, irgendwann hörte der Spaß auf.

Babs schüttelte den Kopf. Sie klang fast ein bisschen traurig, als sie sagte: »Das geht nicht. Ein Bauernhof ist einfach zu viel Arbeit für uns beide, Schatz. Und bestimmt auf Dauer zu teuer.«

Ein erleichterter Seufzer entfuhr mir und ich nickte Babs dankbar zu. Sie nahm unseren Laptop zur Hand. Ein uraltes Ding, zum Einschlafen lahm. Den konnte man auch mal ersetzen. Da surft man sogar schneller, wenn man auf Waranyas Rücken sitzt.

Babs öffnete die Internetseite eines Reiseanbieters und meinte: »Was sagt ihr zu einer Kreuzfahrt? Nur wir drei.«

Ich war be-geis-tert!

Kreuzfahrt!

Reisen!

Abenteuer!

Mein Traum würde sich erfüllen. Am liebsten hätte ich sofort die wichtigsten Reiseutensilien in meine Backen gestopft. Aber bevor ich mehr von der Kreuzfahrt zu hören bekam, klingelte es. Bitte nicht jetzt! Wir mussten dringend über eine Kreuzfahrt reden. Oder noch besser eine Forschungsreise. Und überhaupt, wer wollte denn so früh am Sonntagmorgen etwas von uns?

Es war Frau Geist, zum Glück hatte sie diesmal ihren nervtötenden Kater zu Hause gelassen. Sie wirkte so nervös, dass ich ihr die Störung verzieh. Da sie uns dann auch noch Brezeln schenkte, war ich voll auf ihrer Seite, als sie uns um ein neues Klavier für den »Ditzendorfer Popchor« bat. Natürlich versprach Babs es ihr.

Noch ehe Frau Geist gegangen war, klingelte schon der Gemeindepfarrer Möhrle. Er redete und redete. Er faselte so lange, dass ich die Gelegenheit nutzte, ins Kinderzimmer zu flitzen und der Spinne Achtauge ein paar Brezelbrösel vorbeizubringen. Sie hatte doch sehr mager ausgesehen gestern.

Als ich wieder ins Wohnzimmer kam, sabbelte der gute Pfarrer immer noch. Aber ich hatte verpasst, was er eigentlich wollte. Es konnte nicht viel gewesen sein, denn Babs versicherte, auch ihm zu helfen. Er bedankte sich überschwänglich, bevor er abdüste.

Als Nächstes ließ Patrick seine Nase blicken. Sofort versicherte Elli ihm: »Ist doch sonnenklar, dass wir dir was abgeben.«

Patrick setzte sich zu ihr und kraulte mich. Äußerst angenehm. Doch als der Schuldirektor auf der Matte stand, suchte Patrick das Weite. Schade. Elli war auch nicht gerade begeistert, aber das bemerkte natürlich nur ich.

Direktor Reichenbach war es gar nicht peinlich, nach Geld zu fragen. Stattdessen tat er so, als wäre es eine Ehre für Elli und Babs, wenn sie die Schule unterstützen dürften. Das ging mir gehörig gegen den Strich. Aber ich sah ein, dass die Schul-Axolotl, die im Frühjahr Babys bekommen hatten, dringend ein größeres Aquarium brauchten. Ich bin ja kein Untier.

Immer mehr Menschen trudelten im Laufe des Tages ein und auch das Telefon stand selten still. Halb Ditzendorf wollte gerne etwas von unserem Gewinn abbekommen. Babs und Elli versprachen wirklich vielen, ihnen zu helfen. So vielen, dass ich mir ernsthaft Sorgen machte, ob für uns überhaupt etwas von dem ganzen Geld übrig bleiben würde.

Nur wenige Bittsteller wurden von meinen Menschen abgewimmelt, weil Babs das Gefühl hatte, dass es um Quatsch ging. Beispielsweise Lenni und Kenny, die eine neue Xbox haben wollten. Oder Herr von Ansberg, der versuchte, ein fettes Geschäft zu machen und Babs Teile seines geplanten Hundehotels zu verkaufen. Unverschämt. Ich verstehe gar nicht, wie diese reichen Typen ticken. Seine Nobelhütte für verhätschelte Flohzirkusse war noch nicht einmal zu Ende gebaut und er wollte schon Kohle dafür abgreifen.

Eine Frau, die wir kaum kannten, wünschte sich einen Pelzmantel, was Elli ebenfalls strikt ablehnte. Klaro. So ein Unding. Pelze! Vielleicht auch noch von meinen lieben Verwandten, den Nerzen? Als sie ging, verfolgte ich sie mit wütendem Quieken zur Tür und brüllte ihr zum Abschied ein unfreundliches »Komm bloß nicht wieder!« nach.

Als am frühen Abend endlich auch der Letzte gegangen war, sank Babs erschöpft aufs Sofa. Ich hockte mich daneben und hoffte, dass sie noch einmal etwas zu unserer Kreuzfahrt sagen würde. Fehlanzeige.

Nach einer Weile erklärte sie: »Morgen nach der Arbeit lösen wir unseren Glücksschein ein.«

Vor meinem inneren Auge erschienen Bilder von uns dreien, wie wir den Fahrradanhänger mit Koffern voller Geld beluden und damit als Erstes direkt zum Reisebüro fuhren. Eine schöne Vorstellung.

# Montag
# NOCH FÜNF TAGE

Am nächsten Morgen hatte sich meine Aufregung noch kein bisschen gelegt. Ich war ganz hibbelig. Anstatt Babs wie üblich über die Schulter zu schauen und ein wachsames Auge auf die Post zu halten, zerrupfte ich die Titelseite der Zeitung in kleine Schnipsel. Diese stopfte ich mir in die Hamsterbacken. Als Babs mit der Post fast fertig war, hopste ich vom Tisch auf den Stuhl, hangelte mich an ihrem Hosenbein hinab und trippelte in Ellis Zimmer. Ich konnte die Papierfetzen ja schlecht vor Babs auf den Tisch spucken.

Während ich noch mit mir beschäftigt war, vernahm ich das metallische Klackern, das der Briefschlitz in der Wohnungstür von sich gibt, wenn Prospekte und Werbeflyer hindurchgeschoben werden. Nur dass diese üblicherweise nicht so früh am Morgen verteilt wurden. Wenig später hörte ich Elli über den Flur galoppieren.

»Was ist denn in dich gefahren?«, rief Babs ihr nach.

Elli rauschte in ihr Zimmer. »Nichts. Gar nichts. Ich bin spät dran!«, rief sie.

Was war da los? Neugierig streckte ich den Kopf aus meinem Hamsternest, in dem ich die Papierschnipsel entladen hatte, und schnupperte. Meine Nackenhaare sträubten sich. Alarm! Es roch nach Angst. Dann hörte ich leises Wimmern. Es klang traurig und verängstigt und zerriss mir fast mein Hamsterherz.

Elli saß auf dem Fußboden. Sie hatte die Arme um ihre Knie geschlungen und in der Hand hielt sie eine Postkarte. Darauf war einer dieser altmodischen Teddybären mit hellbraunem Fell und steifen Armen und Beinen zu sehen. In den Pfoten hielt er zwei Trommelstöcke und vor ihm stand eine rot-blau gestreifte Trommel.

Die Hand, in der Elli die Karte hielt, zitterte wie verrückt. »Das darf doch nicht wahr sein!« Sie schleuderte die Karte durch das Zimmer, als hätte sie sich daran verbrannt. »Da haben wir ein Mal Glück und dann so etwas!«

Ich lief zu der am Boden liegenden Postkarte.

Während ich las, spürte ich, wie meine Schnauze kalt wurde. Mein Magen zog sich zu einem harten Ball zusammen und tat plötzlich weh.

Haariger Freund? Damit konnte nur ich gemeint sein!

»Wer tut so etwas?« Elli sah mich verzweifelt an.

Ich wusste es nicht. Aber eines war klar: Der Kartenschreiber musste ein ganz fieser Typ sein.

Obwohl mir jemand ganz offiziell nach dem Leben trachtete, vergaß ich glatt, mich totzustellen.

Ich war geschockt. Mein Nackenfell stand zu Berge, mein

Bart vibrierte und meine Pfoten kribbelten, als würden Ameisen darüberkrabbeln. Ich konnte nur noch an diesen einen Satz denken: »Wenn Sie es nicht tun, hat Ihrem haarigen Freund das letzte Stündlein geschlagen.«

Eine Weile saßen wir völlig versteinert da. Dafür hämmerte mein Herz panisch in meiner Brust, hüpfte und boxte.

Erst als Babs' Schritte auf dem Flur ertönten, kam wieder Leben in Elli. Hektisch krabbelte sie zu der Postkarte, schnappte sie und pfefferte sie unter den Schrank.

»Mama darf das nicht sehen!«, keuchte sie. »Ich gebe dich nicht her. Niemals!«

Warum sollte Babs die Karte nicht sehen? Elli und Babs hatten doch nie Geheimnisse voreinander. Dann dämmerte es mir: Mein Mädchen befürchtete, Babs würde lieber den Lottoschein behalten als mich. Totaler Quatsch! Babs würde mich nicht aufgeben. Ganz bestimmt nicht. Oder?

Babs klopfte und kam herein. Ich legte den Kopf schief und betrachtete sie genau. Wie lieb hatte mich Babs wirklich? Eigentlich war ich mir ja ganz sicher, dass die Antwort »Über alles!« lautete. Aber angesichts des Lottogewinns hatte sich ein klitzekleiner Zweifel bei mir eingeschlichen, der sich durch meinen Bauch nagte und Magenkrämpfe verursachte.

Nimm dich zusammen, Humboldt, befahl ich mir. Du musst einen kühlen Kopf bewahren, du bist schließlich der Hamster im Haus!

Was auch immer Babs eigentlich gewollt hatte, bei Ellis Anblick hielt sie erstaunt inne.

»Du bist ja noch gar nicht fertig«, sagte Babs verwundert.

»Ich kann heute nicht in die Schule gehen.«

»Und warum nicht, wenn ich fragen darf?«

Elli überlegte.

»Weil ...«, fing sie an. »Weil Humboldt krank ist! Ich muss bei ihm bleiben.«

Was sollte das denn? Ja, mir war hundeelend – aber nicht, weil ich krank war. Doch dann wurde mir klar, dass Elli einfach in meiner Nähe sein wollte, um mich zu beschützen. Dabei ist es doch meine Aufgabe, auf sie achtzugeben, nicht andersherum!

Zwischen meinen Mädels entspann sich eine langwierige Diskussion über kranke Hamster und kleine Mädchen, die ihren Unterricht nicht verpassen durften. Am Ende stand fest, dass Elli sehr wohl zur Schule gehen musste. Ich sollte ausnahmsweise in der Wohnung bleiben.

Das war mir gar nicht recht. Keineswegs wollte ich alleine sein.

Ich gebe zu, dass mir vor Angst die Barthaare schlotterten. Klar war ich es gewöhnt, der Gefahr direkt ins Auge zu blicken. Aber dabei ging es normalerweise um ANDERE, denen ich aus der Patsche helfen musste. Nicht um MICH! Das war ein besonderer Spezialfall, auf den ich liebend gerne verzichtet hätte.

Nachdem die beiden weg waren, suchte ich mir ein Plätzchen zum Nachdenken, an dem mich kein Verbrecher der Welt finden würde. Auf dem Küchentisch stand eine Schale mit Kiwis, auf denen ich mich niederließ. Im Notfall konnte ich mich sofort zu einer Kugel zusammenrollen. Während ein Fremder mich dann auf den ersten Blick für eine helle, etwas zu haarige Kiwi halten mochte, würde Elli mich sofort entdecken. Schließlich wollte ich meinem Mädchen nicht noch mehr Angst machen.

Im Laufe des Vormittages ließ der Schock nach. Ganz langsam kam mein sonst so blitzschnelles Hamstergehirn wieder in Fahrt. Und es formulierte zwei Fragen:

1. Von wem stammte die Postkarte?
2. Was war jetzt zu tun?

Jeder, wirklich jeder Besucher des Restefests hatte von unserem Lottogewinn erfahren. Somit war der Kreis der Verdächtigen riesig. Jeder konnte der fiese Lottoschurke sein, was die Lage unübersichtlich und verzwickt machte. Und was tut man in einem verzwickten Kriminalfall? Man geht zur Polizei. Es hatte zwar eine Weile gedauert, bis ich wieder logisch denken konnte, aber dann lag das ganz klar auf der Pfote.

Zum Glück hatte mein kluger Wuschelkopf denselben Einfall. Ich musste sie nicht mehr darauf stoßen.

»Komm, wir fahren zur Polizei!«, rief Elli, als sie von der Schule kam und mich zwischen den Kiwis entdeckte. »Dort wird man uns helfen.«

In Windeseile radelten wir zum Polizeirevier. Was für eine Enttäuschung! Polizeimeister Gneiser behandelte meine Elli wie ein kleines Mädchen, das zu blöd ist, sich selbst die Schuhe zu zubinden.

Er

**spraaach**
**gaaanz**
**laaangsaaam**
**und sehr D E U T L I C H,**

als er uns erklärte, dass ein Hamster einfach nichts wert sei.

»Billiger als neue Socken«, sagte er.

Deshalb könne die Erpressung nicht ernst gemeint sein. Er hielt das Ganze für einen Scherz.

Abgesehen davon sei Elli zu jung für eine Anzeige und Tiere seien auf der Polizeiwache sowieso nicht erlaubt. Als er dann auch noch entdeckte, dass ich die Akte auf seinem Schreibtisch angefressen hatte, warf er uns hochkant hinaus. Unverschämtheit!

Kurz darauf saßen wir zusammen mit Babs am Mittagstisch und mein Mädchen kämpfte mit den Tränen. Arme Wuscheline. Sicher hätte sie sich ihrer Mutter am liebsten in die Arme geworfen und ihr alles erzählt. Sie traute sich nur nicht. Elende Heimlichtuerei.

Nach dem Essen stürzte sich Elli auf ihre Schularbeiten. Bei genauerem Hinsehen wirkte sie auch nicht mehr traurig, eher verschmitzt. Menschen! Wer soll die je verstehen?

Um nachzudenken, brauchte ich Ruhe. Entschlossen marschierte ich zurück in die Küche zu meinen Kiwis. Egal was der Polizist gesagt hatte, ich war mir sicher, dass Elli mich lieber mochte als alle Reichtümer! Sie würde alles daran setzen, mich zu beschützen.

Je länger ich nachdachte, desto klarer wurde mir: Das Familienglück und mein Leben lagen allein in meiner Pfote. Der einzige Weg, unser Glück zu retten, war es, den Schurken ausfindig zu machen. Und wenn ich herausgefunden hatte, wer es wagte, mich und meine Mädels zu bedrohen, würde ich es ihm so richtig zeigen!

Es gab nur einen klitzekleinen Haken: Ich wusste noch nicht so genau, wie ich das anstellen sollte.

Mal abgesehen davon, dass es in diesem vertrackten Fall vor Verdächtigen nur so wimmelte, lief mir auch noch die Zeit davon. Babs wollte den Lottoschein schon HEUTE einlösen. Und wenn Elli mir das Leben retten wollte, müsste sie das verhindern. Dazu müsste sie dem Schurken unseren Lottoschein noch vor Babs' Feierabend ausliefern.

Huch, das war's!

Deshalb hatte Elli so verschmitzt gewirkt.

Mein Mädchen hatte einen Plan. Und ich musste ihn durchkreuzen! Schluss mit der ganzen Angstschlotterei, jetzt war ein echter Humboldt gefragt! Hamster Humboldt!

# Montag
# EIN BOMBENSICHERES VERSTECK

Nachdem ich Ellis Plan nun kannte, hieß es: Fix handeln! Das Ende von Babs' Mittagspause nahte. Für den Fall, dass Elli losschlagen wollte, sobald ihre Mutter die Wohnung verlassen hatte, musste ich schnell sein. Nur noch fünf Minuten. Ich musste den Schein auf der Stelle verstecken! Flink kletterte ich vom Tisch und hastete zum Kühlschrank. Unser Glücksschein, der zum Pechschein geworden war, prangte dort auf Menschenschulterhöhe. Dort hochzukommen, würde ein hartes Stück Arbeit werden.

Zum Glück sammelte Babs leidenschaftlich gerne Magnete. Und alle landeten an unserem Kühlschrank. Dort hielten sie wiederum andere gesammelte Sachen fest. Fotos, Gebasteltes, Gefundenes ... Zwischen meinem Ziel und dem Fußboden klebten daher unzählige Magnete. Erstklassige Kletterhilfen. Nicht so bequem wie Stufen, aber ich würde es schaffen! Dank meines täglichen Trainings bin ich schließlich durch und durch fit. Das kam mir jetzt zugute.

Ich spuckte in meine Pfoten, nahm Anlauf und hechtete auf das hervorstehende Maul eines T-rex. Der Magnet war riesig, sogar größer als ich! Elli hatte ihn aus einem Naturkundemuseum angeschleppt. Das hässliche Vieh war mir schon immer ein Dorn im Auge gewesen, aber jetzt war ich froh, dass es da war. Die Hinterpfoten in seinen Nüstern festgekrallt, streckte ich mich nach dem Brandenburger Tor. Gerade als ich mich daran hochziehen wollte, rutschte ich an dem glänzenden Lack ab. Mit einem überraschten »Uh!« und wild fuchtelnden Armen bumste ich kopfüber gegen den Dinobauch. Zum Glück klemmten meine Hinterpfoten noch in seinen Nüstern. Wie eine pelzige Rotzfahne baumelte ich an seiner Nase. Insgeheim erwartete ich, dass er gleich niesen würde. Tat er natürlich nicht. Mit aller Kraft gelang es mir, mich wieder hochzuziehen. Aber ich hatte wertvolle Zeit verloren.

Nur langsam schaffte ich es, mich auf das Brandenburger Tor zu hieven. Von dort aus erreichte ich einen lila Rettich. Vor Anstrengung laut keuchend, sprang ich, bekam eine Brezel zu fassen und zog mich daran hoch. Kaum war ich oben, bemerkte ich zwei Dinge. Erstens: Die Brezel konnte mein Gewicht nicht tragen. Langsam, aber sicher rutschte ich den ganzen Weg, den ich mühselig hinaufgekraxelt war, wieder hinunter. Mit einem beherzten Sprung rettete ich mich von der untergehenden Brezel auf eine rote Hängebrücke. Und zweitens: Babs verabschiedete sich gerade von Elli. Oh nein! Hoffentlich kam sie nicht noch in die Küche, um sich etwas zu futtern für den Nachmittag einzupacken. Nie und nimmer würde sie einen am Kühlschrank hängenden Hamster übersehen. Ich hielt den Atem an und lauschte.

LOTTO
H
T
R
Grüße aus dem Norden
E
Humboldt
A
SAN FRAN
Gutschein
5€
S
M

»Tschüss, ihr beiden! Besucht mich nachher doch mal im Laden!«, ertönte es vom Flur aus.

Glück gehabt! Jetzt bloß keine Zeit verlieren. Bestimmt würde Elli gleich hier auftauchen.

Rasch setzte ich meine Kletterpartie fort. Stück für Stück kam ich meinem Ziel näher. Mit letzter Kraft schaffte ich es zum Lottoschein. Oben angekommen, schob ich die vier Glücksmagnete beiseite, die ihn festhielten. Anmutig wie ein Blatt im Herbst segelte er zu Boden. Hastig kletterte ich wieder hinunter bis zu dem unzuverlässigen Brezelmagneten. Nun wusste ich ja, was ich von ihm zu erwarten hatte. Ich hielt mich daran fest und rutschte elegant nach unten.

Gerade als ich den sicheren Boden erreicht hatte, hörte ich Schritte auf dem Flur. Oh nein! Elli! Und jetzt, wohin mit dem Schein? Ich brauchte ein gutes Versteck. Ein bombensicheres. Und zwar fix.

Ich überlegte fieberhaft. Zu spät! Elli kam herein. Ich fürchtete schon, dass ich aufgeflogen wäre, doch zum Glück hielt sie den Blick starr auf die Kiwischale auf dem Küchentisch gerichtet.

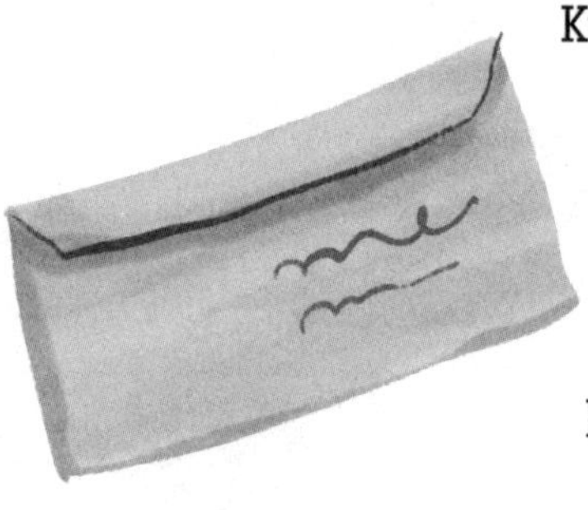

»Humboldt, steckst du hier?«, fragte sie und untersuchte das Obst.

Ich schnappte den Lottoschein, warf mich scharf nach links und hechtete hinter einen Blumentopf.

Puh, gerade noch rechtzeitig. Elli hatte mich nicht gesehen. Stattdessen rief sie erneut, dieses Mal in Richtung Flur: »Humboldt, wo bist du? Komm schon, wir haben etwas Wichtiges zu tun.«

Etwas Wichtiges? Den Lottoschein an den Erpresser ausliefern? Nicht mit mir!

Ich ließ den Schein in der Ecke hinter dem Blumentopf liegen. Dort konnte er allerdings nicht bleiben. Die Entdeckungsgefahr war zu hoch. Für den Moment musste das Versteck aber reichen.

»Humboldt?« Ellis Stimme bekam einen seltsamen Unterton und ich erschnupperte einen Hauch von Angst in der Luft. Sofort bekam ich ein hamstermäßig schlechtes Gewissen. Mein Mädchen sollte keine Angst haben, schon gar nicht meinetwegen!

Während sie mir den Rücken zudrehte, lief ich rasch zu ihr und zupfte mit Unschuldsmiene an ihrem Hosenbein. An ihrem Lächeln erkannte ich, wie erleichtert sie war, mich zu sehen. Das brachte mir eine doppelte Portion Ohrenkraulen ein.

»Ach, Humboldt, so schnell ist unser Lottotraum ausgeträumt. Immerhin haben wir einander. Das ist alles, was zählt.«

Sie erhob sich und ging Richtung Kühlschrank. Doch schon nach dem ersten Schritt hielt sie inne. Sie hatte entdeckt, dass der Schein fehlte. Nach einem suchenden Blick auf den Fußboden rief sie erschrocken: »Oh nein, Mama hat ihn mitgenommen! Ich muss ihn zurückholen.«

Ha! Ich hatte recht gehabt! Sie wollte dem fiesen Erpresserschurken den Lottoschein kampflos überlassen. Aber zum Glück war ich ihr zuvorgekommen.

Wie ein Wirbelwind fegte Elli aus der Wohnung. Sicher um ihrer Mutter den Schein abzuluchsen. Sofort ergriff ich meine Chance und angelte das lästige Ding wieder hinter dem Blumentopf hervor. Samt Lottoschein sprintete ich aus der Küche ins Wohnzimmer, wobei ich aufpassen musste, ihn nicht vor lauter Stress versehentlich anzuknabbern. Wohin damit? Hektisch sah ich mich um. Hektisch, weil ich vier Menschenfüße die Treppe zu unserer Wohnung hinaufpoltern hörte.

»Was meinst du damit, dass der Schein weg ist?«

Das war Babs. Sie und Elli gingen zusammen in die Küche. Kurz darauf ertönte ein Schreckensschrei und Sekunden später: »Wir müssen ihn suchen, Elli. Los, hilf mir!«

Das Wohnzimmer hatte zwei Türen, eine zur Küche und eine zum Flur. Ich nutzte den einzigen Fluchtweg und hetzte gen Flur. Kaum hatte ich das Zimmer verlassen, hörte ich jemanden hinter mir. Das musste Elli sein, ihre Schritte klangen leichter als die von Babs. Hoffentlich hatte sie mich nicht gesehen!

Glücklicherweise stand die Tür zum Kinderzimmer offen. Ich jagte hindurch. Keuchend und vor Anstrengung zitternd blieb ich stehen. Und jetzt, wohin? Elli konnte jeden Augenblick hereinkommen und hier nach dem Schein suchen.

»Ein Versteck, ich brauche ein Versteck!«, murmelte ich panisch vor mich hin.

»Dort hinten ist die Tapete lose zwischen der einen und der anderen Rose«, antwortete eine Stimme von oben. Eine Millisekunde lang glaubte ich, der große Hamster im Himmel hätte mein Flehen erhört.

Erschrocken sah ich nach oben und entdeckte: Achtauge! Er hing an einem langen Faden von der Zimmerdecke. Mit allen acht Beinchen wies er zu einer Stelle an der Wand.

»Schnell, du bist in Eile, keine Zeit für lange Weile.«

Ich folgte seinem Rat und spurtete zu der Tapetenstelle, auf die Achtauge deutete.

Während die anderen Zimmerwände in einem zarten Lindgrün gehalten waren, bedeckten dicke Pfingstrosen die Wand hinter Ellis Bett. Und richtig, kurz bevor die Tapete unter der Bodenleiste verschwand, schlug sie Wellen. Offensichtlich war sie nicht ordentlich verklebt worden oder der Kleister hatte sich im Laufe der Jahre gelöst. Mit fliegenden Pfoten faltete ich den Schein klein zusammen und schob ihn dahinter. Prüfend betrachtete ich mein Werk. An der Tapete war absolut nichts Ungewöhnliches zu entdecken. Das perfekte Versteck!

Ich wollte mich bei meinem unerwarteten Helfer bedanken, aber Achtauge hatte sich bereits verdünnisiert. Komischer Kerl! Aber wahrscheinlich war es besser so, denn Elli polterte herein, so laut, wie es nur ein Mensch sein kann. Kurz darauf platzte auch Babs ins Zimmer.

»Ist er hier? Hast du etwa mit ihm gespielt?«, fragte sie ihre Tochter.

Elli schüttelte den Kopf. Trotzdem durchsuchten die beiden jeden Winkel. Oder, na ja, fast jeden. Mein Versteck spürten sie nicht auf. Wie sollten sie auch? Immerhin war ihnen nicht klar, dass ihr »süßer Hamster« es faustdick hinter den Ohren hatte.

Dafür rechnete ich damit, dass Babs gleich etwas anderes entdecken würde. Die Postkarte unter dem Schrank nämlich. Aber das wusste Elli zu verhindern. Flink angelte sie die Nachricht des Lottoschurken hervor und ließ sie in ihrem Hosenbund verschwinden.

Meine beiden Mädels suchten und suchten. Dabei stellten sie die halbe Wohnung auf den Kopf – natürlich ohne Erfolg. Dann fiel Babs ein, dass sie den Laden nicht abgesperrt hatte. Überhaupt musste sie ja arbeiten. Also suchte Elli alleine weiter. Stundenlang. Zuerst tat ich so, als würde auch ich suchen. Aber das fühlte sich einfach zu heuchlerisch an. Also stellte ich die Sucherei ein. Doch Ellis verzweifelte Bemühungen waren zu viel für mein armes Hamsterherz. Mein Gewissen plagte mich und ich musste mir immer wieder sagen, dass ich den Schein nur zu ihrem Besten versteckt hatte. Dass meine Mädels ein bisschen leiden mussten, bis ich den Schurken geschnappt hatte, ließ sich leider nicht verhindern. Umso wichtiger, dass ich ihn schnell erwischte!

Schließlich gab Elli auf. Sie nahm mich auf den Arm. Eine stille Zeit lang bekuschelte sie mich und durchweichte meinen Pelz mit salzigen Tränen.

»Du musst keine Angst haben. Wenn der Schurke kommt und dir etwas tun will, werde ich dich beschützen«, versicherte sie schluchzend.

SIE wollte MICH beschützen? Verkehrte Welt! Mir schauderte beim Gedanken an die Gefahr, in die sie sich damit bringen könnte. So weit würde ich es nicht kommen lassen! Ich war ein Hamster mit einer Mission: meine Mädels beschützen und den Lottoschurken ausfindig machen.

# Dienstag
# NOCH VIER TAGE

Am Dienstag betätigten sich meine Mädels schon in aller Frühe als Möbelpacker. Unter lautem Ächzen und Stöhnen rückten sie den Kühlschrank von seinem angestammten Platz, um darunter nach dem verlorenen Schein zu suchen.

Während die beiden in der Küche werkelten, beschäftigte ich mich mit der achtlos im Wohnzimmer abgestellten Postkiste. Noch hatte niemand einen Blick hineingeworfen. Doch auch ohne die Karte gesehen zu haben, spürte ich, dass sie da war. Unheil hat keinen Geruch. Trotzdem juckte meine Schnauze und meine Pfoten kribbelten.

Ich gab mir einen Ruck und durchwühlte die Post. Gleich im obersten Stapel wurde ich fündig. Dieses Mal war eine Spieluhr mit einer tanzenden Ballerina auf der Postkarte zu sehen. Mit schwarzem Filzstift hatte der Erpresser seine Botschaft auf die Rückseite geschrieben:

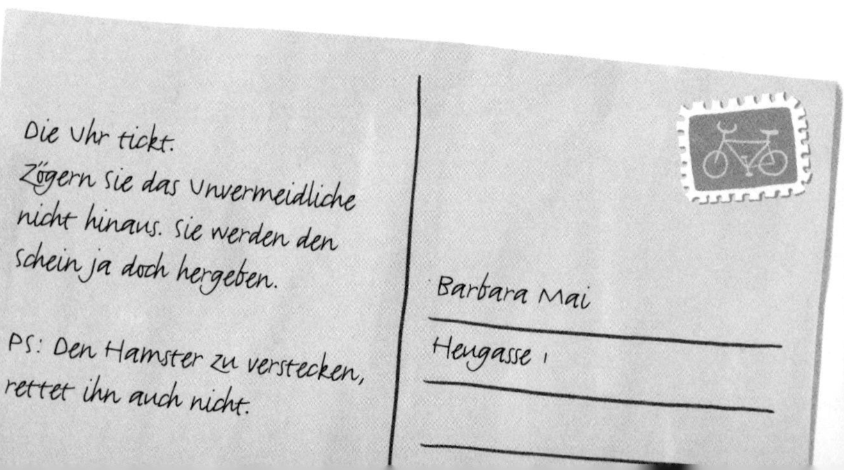

NICHT KNICKEN!

Angst ließ mein Fell zu Berge stehen. Ticktack, mir lief die Zeit davon. Vier Tage waren nicht viel, um diesen verzwickten Fall zu knacken. Gerade als ich die Angst aus meinem Fell schüttelte, schnappte mir Elli die Karte vor der Nase weg.

»Nicht schon wieder!«, flüsterte sie und stürmte mitsamt Beute aus dem Zimmer.

In meinem Gehirn fraß sich ein Gedanke fest: Woher wusste der Schurke, dass ich mich gestern in der Wohnung versteckt hatte, anstatt wie üblich mit in den Laden zu gehen?

Die Antwort war klar wie Kloßbrühe: Der Bösewicht musste gestern in »Babs' Lädchen« gewesen sein und bemerkt haben, dass ich nicht dort war. Ein klares Indiz dafür, dass er zu der Sorte Verbrecher zählte, die es stets zurück an den Ort ihres Verbrechens zieht. Wahrscheinlich hatte er mit eigenen Augen sehen wollen, wie Babs immer mürber wurde, bis sie seiner Forderung schließlich nachgab. Wenn er wüsste, dass Babs von der Erpressung gar nichts ahnte!

Dann erinnerte ich mich an die Ballerina auf der Postkarte. Wieso eigentlich »er«? Hatte ich es vielleicht mit einer *Schurkin* zu tun? Ich durfte nichts ausschließen.

So oder so, eins war klar: Wer auch immer die Karten schrieb, würde wahrscheinlich auch heute wieder im Laden auftauchen. Und dann würde ich ihn – oder sie – im Laden erwarten!

Aber ich hatte die Rechnung ohne meine Wuscheline gemacht. Mit einem weiteren Lügenmärchen hatte Elli ihre

Mutter davon überzeugt, dass ich wieder in der Wohnung bleiben sollte. Mir flüsterte sie zu, dass es nur zu meiner eigenen Sicherheit sei. Pfff! Da kannte sie ihren Humboldt schlecht!

Angespannt fieberte ich dem Moment entgegen, in dem ich den Schlüssel im Schloss der Wohnungstür hörte. Dann sprintete ich in Ellis Zimmer, kletterte aufs Fensterbrett und presste die Schnauze gegen die Scheibe. Zu meinem Ärger versperrte mir die große Markise über dem Ladeneingang die Sicht. Wie sollte ich so sehen, wer »Babs' Lädchen« betrat?

Ich musste wohl oder übel hinaus auf die Markise, wenn ich wissen wollte, was sich darunter abspielte. Zum Glück hatte Elli das Fenster nur gekippt. Ich kletterte an der Gardine hoch, bis ich genau über dem Kippschlitz hing. Wenn ich jetzt losließ, würde ich direkt durch den Spalt flutschen und sanft auf der Markise landen.

1, 2, 3 und Sprung!

Leider kam ich nicht so glimpflich davon wie gedacht. Zwar passte ich genau durch den offenen Spalt, aber dann dotzte ich mit dem Hintern auf die Scheibe. In einem Affenzahn rutschte ich das gekippte Fenster hinunter. Zum Glück ist mein Po so pelzig, sonst wäre es am Allerwertesten echt heiß geworden.

Ich hatte ganz schön Geschwindigkeit aufgenommen, als ich das Ende der Scheibe erreichte. Mit einem Wahnsinns-

»Huuuui« flog ich in großem Bogen durch die Luft. Zum ersten Mal in meinem Leben wünschte ich mir, ich wäre ein Flughörnchen. Aber so landete ich plump wie ein Stein auf der Markise. Ich kam mit einem Bauchklatscher auf – und wurde sofort wieder in die Luft geschleudert. Die Markise entwickelte sich zum Trampolin. Eine ganze Weile hüpfte ich auf und ab wie ein Flummi. Ich landete bäuchlings, ärschlings und auf dem Kopf. Es war demütigend. Als es sich endlich ausgehopst hatte, blieb ich erst mal ein Weilchen reglos liegen. Alles drehte sich und ich war froh, dass ich keine Snacks in den Hamsterbacken verstaut hatte.

Aber es dauerte nicht lange, bis ich mich wieder gefangen hatte – na ja, fast. In Schlangenlinien wankte ich an den Rand der Markise und schob meine Schnauze darüber, um besser sehen zu können. Unten entdeckte ich Frau Becker mit MiuMiu! Sie unterhielt sich mit Herrn von Ansberg.

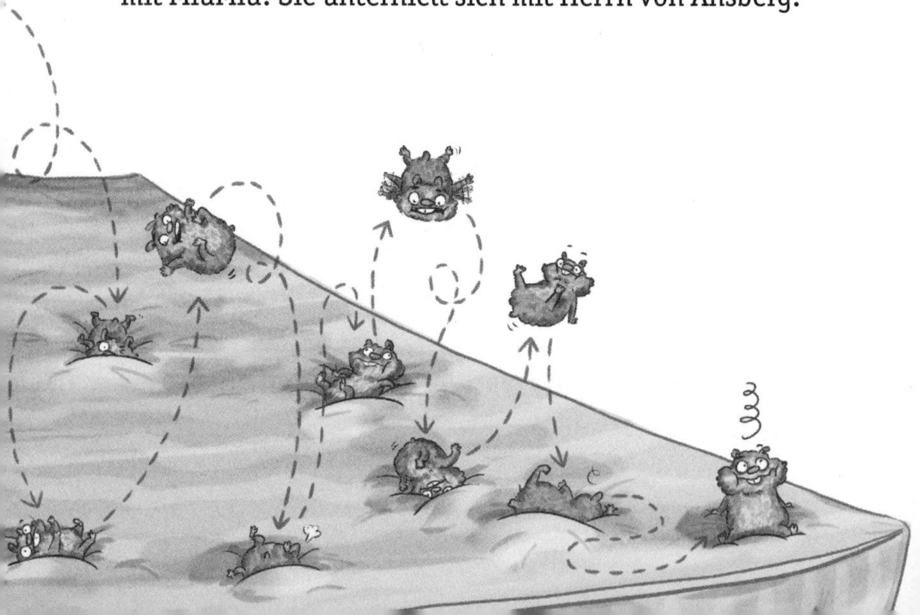

Ich spitzte die Ohren. Doch die Windspiele, die ringsherum an der Markise hingen, klirrten so laut, dass ich nichts verstand. Also lehnte ich mich weiter vor.

Doch meine Neugierde hatte einen hohen Preis. Kopfüber purzelte ich von der Markise. Nur meine schnelle Reaktionsfähigkeit rettete mich vor dem sicheren Ende als Matschfleck auf dem Gehsteig. Es gelang mir, eins der Glöckchen eines Windspiels zu fassen zu bekommen.

Ein schmerzhaftes Rucken durchfuhr meine Pfote, aber das war es allemal wert. Laut bimmelnd schwang ich hin und her.

Beim Blick nach unten sah ich verwackelte Gesichter. Frau Becker und Herr von Ansberg glotzten zu mir hoch. Warum eilten sie mir nicht zu Hilfe? Lange würde ich mich nicht mehr halten können. Wie begriffsstutzig konnten diese Menschen sein? Als ich sah, dass MiuMiu direkt unter mir stand, ließ ich los.

Wie ein überreifer Apfel krachte ich in ihre fluffige Pudelfrisur. Sie jaulte und schüttelte sich. Unsanft wurde ich abgeworfen und landete in einer Matschpfütze. Auch das noch!

»Meine Frisur! Warte nur, das wirst du büßen«, schnauzte MiuMiu mit gefletschten Zähnen. Dann entdeckte sie mich im Matsch und lachte bellend. »Geschieht dir recht.«

Waaas? Geschieht mir recht? Ich versuchte hier, meine Familie zu beschützen, da brauchte ich mir solche Unverschämtheiten nicht bieten zu lassen! Zu allem Überfluss begann nun noch jemand zu glucksen. Ich fuhr herum und entdeckte Baal direkt hinter mir. Er hatte alles beobachtet und schüttelte sich vor Lachen. Herablassend streckte er mir die Pfote entgegen: »Na komm, Kleiner, ich zieh dich hoch.«

Es reichte! Das war einfach zu viel. Mit vor Wut gestäubtem Pelz brüllte ich: »Ich brauche deine Hilfe nicht, du Pups! Und die Schafslocke da drüben soll sich nicht so anstellen, ihre Frisur interessiert keinen Mistkäfer. Und jetzt: VERZUPFT EUCH! ADIEU! HAUT AB, ALLESAMT!«

Baal glotzte mich verblüfft an. Sein dummes Gesicht entschädigte mich beinahe für das ganze morgendliche Elend.

Babs kam aus dem Laden gelaufen und fischte mich sofort aus dem Matsch.

Pitschnass, wie ich war, drückte sie mich an ihre Wange.

»Humboldt, du Armer! Was ist nur passiert?« Als sie einen Blick zum gekippten Fenster warf, schüttelte sie bloß den Kopf. »Du bist wirklich ein Akrobat.«

Im Laden rubbelte sie mich mit ein paar Taschentüchern sauber. »Na ja, jetzt kannst du jedenfalls bei mir bleiben. Wie immer. Nicht wahr, Kleiner?«

Wie immer ... na klar. Babs ahnte ja nichts von der Gefahr, in der ich schwebte.

Statt meinem üblichen Tagewerk nachzugehen, legte ich mich auf die Lauer. Ganz still harrte ich auf dem Regal zwischen den Teddys aus. Hier würden mich die menschlichen und tierischen Besucher nicht entdecken, aber ich hatte alles im Blick. Sorgsam behielt ich das Kommen und Gehen im Auge. Wer verhielt sich auffällig, wer wirkte ganz und gar unschuldig? Noch bevor Elli aus der Mittagsschule kam, stufte ich folgende Kunden als verdächtig ein:

## Frau Becker

Sie und MiuMiu hatten einen teuren Geschmack. Teurer, als sie es sich leisten konnten. Trotzdem war Frau Becker am Sonntag nicht bei uns erschienen, um Geld oder Geschenke zu erbitten. Warum nicht? Das war höchst verdächtig! Verließ sie sich etwa darauf, dass sie sich mit unserem Gewinnschein bald alles selbst kaufen könnte?

Ich musste unbedingt MiuMiu verhören! Sicher passierte im Hause Becker nichts, über das die Pudeldame nicht informiert war.

## Frau Geist

Sie war am Sonntag als eine der Ersten bei uns aufgeschlagen und meine Mädels hatten sofort versprochen, ihr zu helfen. Im Gegensatz zu ihrem Kater erschien sie mir ausgesprochen nett.

Oder war das nur eine Fassade? Wie der Kater so das Frauchen? Ihm wäre jedenfalls alles zuzutrauen. Ich sollte die beiden auf jeden Fall im Auge behalten!

### Herr Bartel

Als Geigenlehrer verdiente er sich bestimmt keine goldene Nase. Was hatte er gesagt, als Babs ihm am Samstag seinen Brief übergeben hatte?

»Sind die denn nie zufrieden? Immer wollen sie Geld. Geld, Geld, Geld ...«

Wurde er selbst erpresst und brauchte deshalb das Geld aus unserem Gewinn? Das wäre ein Motiv ... Ich musste wissen, was in dem Brief stand!

### Pfarrer Möhrle

Wie so oft hielt der Dorfpfarrer ein ausgiebiges Schwätzchen mit Babs. Dabei sprach er weniger über Gott und mehr über die Welt. War das bloß eine Masche? Wollte er Babs mit seinem Gerede ablenken? Obwohl er nicht wirkte, als hätte er es auf unser Geld abgesehen, stufte ich ihn sicherheitshalber als »ein wenig verdächtig« ein.

## Lenni und Kenny

Die beiden waren mit einem Wunsch zu uns gekommen, der nicht erfüllt werden sollte. Das könnte ein Motiv sein. Ein weiterer Grund, unbedingt MiuMiu auszuhorchen! Zu ihrem Verdruss lebten Lenni und Kenny zurzeit bei ihrer Tante Frau Becker, solange deren Eltern auf einer Ausgrabungsstätte in Ägypten arbeiteten. Vielleicht war ihr etwas an ihnen aufgefallen.

## Ein mysteriöser Fremder

Der Mann war ein Kosmetikvertreter – oder behauptete das zumindest. Irgendetwas an seinem Blick kam mir merkwürdig vor. Und seine Haare erst! Es wirkte, als läge ein struppiges Tier platt auf seinem Kopf. Eine Perücke? War der Kerl etwa verkleidet? Das roch wirklich sehr verdächtig! Andererseits: Woher sollte ein Fremder von unserem Lottogewinn wissen? Oder davon, dass man Elli und Babs durch mich erpressen konnte? So verdächtig er auch wirkte, auf meiner Liste landete er noch unter Lenni, Kenny und dem Pfarrer.

Während ich im Kopf meine Liste der Verdächtigen durchging, betrat Herr von Ansberg zusammen mit seinem Boxer Bruce den Laden. Wer ein eigenes Hundehotel baute und nebenbei sein Kind mit Geschenken überhäufte, war sicher nicht auf unseren Gewinn angewiesen. Trotzdem gefiel mir nicht, wie intensiv er sich im Laden umsah. Suchte er nur nach einem passenden Geschenkartikel? Oder hielt er nach mir Ausschau?

Wahrscheinlich hatte mich die ganze Postkartenaffäre zu misstrauisch gemacht, aber sicher war sicher. Heimlich zog ich mich in eine hohe Kaffeetasse zurück, um dort gut versteckt auszuharren, bis er und Bruce den Laden verlassen hatten.

Währenddessen grübelte ich über das Vogelhäuschen nach, in das wir unseren Lottoschein zur Übergabe legen sollten. Dort musste der Fiesling täglich aufkreuzen, um zu prüfen, ob wir ihm gehorchten.

Das Problem war, dass ich mich nicht aufteilen konnte. Wie sollte ich die Verdächtigen näher unter die Lupe nehmen und gleichzeitig das Vogelhäuschen hüten? Außerdem liefen im Park Dorfgrün schrecklich viele Menschen herum. Hunde wurden Gassi geführt, es gab einen Kinderspielplatz und Rentner hockten den lieben langen Tag auf den Bänken. Woher sollte ich wissen, wer nur spazieren ging und wer kam, um heimlich ins Vogelhäuschen zu linsen?

Plus: Wenn ich ein Erpresser wäre, wäre ich nicht so

dumm selbst zum Übergabeort zu gehen. Niemals würde ich mich ohne Not aus der sicheren Deckung wagen. Stattdessen würde ich irgendeine arme Wurst hinschicken, die zu dämlich war, um zu begreifen, worum es eigentlich ging.

Ich beschloss, den Vogelhausgedanken nicht zu vergessen. Doch fürs Erste schien es mir zielführender, mich weiterhin auf den Laden zu konzentrieren.

Zu meiner Erleichterung tauchte niemand mehr auf, der besonders auffällig wirkte oder zu dem ich mir ein Motiv ausdenken konnte.

Ich hoffte, dass meine Menschenkenntnis mich nicht trog.

Als Elli am späten Nachmittag aus der Schule kam, überzeugte sie sich gründlich, dass es mir gut ging. In ihrem Wuschelhaar geborgen, begleitete ich sie ins Kinderzimmer, wo sie sich am Schreibtisch niederließ. Sie kramte ihr Heft aus dem Schulranzen und wollte gerade beginnen, etwas zu schreiben, als Babs den Kopf zur Tür hereinsteckte.

»Hilfst du mir bitte, noch einmal den Schein zu suchen? Er muss hier ja irgendwo stecken.«

Elli machte keinerlei Anstalten, der Bitte nachzukommen. Kaum war Babs wieder draußen, murmelte sie: »Da können wir lange suchen. Ich wette, der Schein wurde geklaut. Und ich werde ihn zurückholen und Humboldt damit retten!«

Oh nein, Elli plante, unter die Detektive zu gehen. Was da

alles passieren könnte! Was, wenn sie dem echten Schurken in die Quere käme? Dabei war der Schein doch gar nicht geklaut, ich hatte ihn nur in sichere Verwahrung genommen.

In sorgfältigen Buchstaben schrieb sie:

LISTE VERDÄCHTIGER DITZENDÖRFLER
im Fall »Verschwundener Lottoschein«

Leider erfuhr ich nicht mehr, wen Elli verdächtigte, denn Babs schneite wieder herein und ermahnte sie nachdrücklich, bei der Suche zu helfen.

Elli zog einen Flunsch, tappte aber hinaus. Morgen würde ich sie zu ihrer Geigenstunde bei Herrn Bartel begleiten und mich dort genau umsehen. Und heute Abend könnte ich gleich zwei Verdächtigen bei der wöchentlichen Chorprobe auf den Zahn fühlen. Hoffentlich gelang es mir, etwas herauszufinden, bevor Elli sich ernsthaft in Gefahr begab!

# Dienstag
## BAALS »HELFENDE PFOTE«

Wie jeden Dienstagabend fanden wir uns pünktlich zur Probe des »Ditzendorfer Popchors« unter der Leitung von Frau Geist ein. Na ja, mehr oder weniger pünktlich. Die meisten Leute waren schon da, nur Pfarrer Möhrle fehlte noch. Es wurden Stühle gerückt, Notenblätter ausgeteilt, gegrüßt, geschwatzt, gelacht und Nasen geputzt.

Ich hatte geplant, ein ernstes Wörtchen mit Baal zu wechseln. Leider lag der hoch oben auf dem Klavier und täuschte vor zu dösen. Aber ich war mir sicher, dass er das Geschehen genau beobachtete. Und mich!

Plinnnggg. Plinnnggg. Frau Geist plingte mit ihrer Stimmgabel. Das Rascheln und Schwatzen verstummte und die ganze Meute legte gleichzeitig los:

***do, re, mi, fa, sol, la, si -***
***si, la, sol, fa, mi, re, do***
***lalalalaaaa, lolololoooo, lulululuuuu, leleleleeee***
***a, ä, o, ö, e, u, ü, i -***
***i, ü, u, e, ö, o, ä, a***

Während die Damen um uns herum zirpten wie die Nachtigallen, saß ich mit Ohrenschmerzen zwischen meinen Kakadus. Kein Zweifel, Baal war wach. Er kicherte lautlos in sich hinein und zwinkerte mir schadenfroh zu.

Der letzte Ton des ersten Stücks war kaum verklungen, da erhob Elli sich und stolperte mit einer gemurmelten Pipi-Entschuldigung aus dem Probenraum. Sie war doch zu Hause erst auf dem Klo gewesen. Hier stimmte etwas nicht! Ich fegte ihr nach, so schnell mich meine Hamsterbeine trugen.

Das war leider weniger schnell, als ich es mir gewünscht hätte. Elli verschwand bereits in die Garderobe. Mein Herz rutschte ein Stück tiefer, als die braune Holztür zu dem kleinen Raum langsam zufiel. Ich gab richtig Gas, um doch noch hindurchzuflutschen. Auf dem letzten Stückchen ließ ich mich auf meinen Flauschebauch fallen, streckte alle viere von mir und schlidderte schwungvoll über die rutschigen Steinfliesen. Geschafft! Eine Sekunde später und ich wäre eiskalt von der zuschlagenden Tür zerquetscht worden.

Elli machte sich daran, die Taschen der wenigen in der Garderobe aufgehängten Jacken zu durchwühlen. Klar, sie suchte den Lottoschein!

Wenn das mal keinen Ärger brachte! Aber dann entdeckte ich die bauchige Tasche von Frau Geist und alle Sorge war vergessen. Das war meine Chance! Die Tasche hing völlig unbeaufsichtigt an einer Stuhllehne! Vielleicht fand ich einen entscheidenden Hinweis darin. Die Barthaare meiner Spürnase vibrierten vor Aufregung.

Ich spurtete zu dem Stuhl, hangelte mich an dem abgenutzten Tragegurt hinauf und ließ mich ins Dunkel des Tascheninneren gleiten. Dort landete ich weich auf einem Stück Stoff. Eine Duftwolke stieg auf. Ich schnupperte. Der Geruch nach Lavendel und Hundehaar, der an dem glatten Stoff haftete, war unverkennbar. Meine Spürnase würde ihn überall erkennen: Er gehörte zu Frau Becker.

Und wo hatte ich diesen Geruch NICHT bemerkt? Richtig, an den Postkarten! Ha! Auf dem Weg, eine Verdächtige unter die Lupe zu nehmen, hatte ich eine andere mal eben so ausgeschlossen. MiuMius Frauchen war keine Lottoschurkin!

Eine genauere Inspektion des Stoffes ergab, dass es sich dabei um ein Taschentuch handelte. Das Taschentuch, mit dem Frau Geist sich das Gesicht getupft hatte, als Obstschalen-Astronaut Bruce diesen Radau veranstaltet hatte. Sie musste es von Frau Becker geliehen und dann in ihrer Tasche vergessen haben. Typisch Frau Geist. Gespannt, was ich noch entdecken würde, stöberte ich weiter und stieß dabei auf Frau Geists Geldbörse. Meine Pfoten zitterten so sehr, dass ich den kleinen Schnappverschluss zuerst nicht lösen konnte. Erst beim dritten Anlauf sprang er auf.

Münzen rollten heraus und verteilten sich in der Tasche. Dann entdeckte ich einen Zettel. Frau Geist hatte darauf in drollig kleinen Buchstaben eine Adresse notiert. Die verschnörkelte Schrift passte gut zu ihr. Und sie hatte nicht das Geringste mit den schwungvollen Buchstaben auf den Karten des Erpressers zu tun.

Obwohl ich gerade einen absoluten Lauf im Verdächtige-Ausschließen hatte, schwappte eine Welle der Enttäuschung über mich hinweg. Ich hatte gehofft, dass ich die Tasche mit einem gelösten Fall verlassen würde.

Keine Zeit für Selbstmitleid.

Die Tasche bebte.

Plötzlich fiel ein Schatten über mich. Im nächsten Augenblick wurde ich unsanft gepackt, tausend kleine Dolche piekten meine empfindliche Haut. Den Thunfischatem erkannte ich sofort: Baal! Der neugierige Kater musste uns gefolgt sein und hatte mich ausgerechnet beim Schnüffeln in der Tasche seiner Frau Geist ertappt!

Unsanft riss er mich aus der Tasche. Kurz baumelte ich in der Luft, gehalten von Baals grässlichen Zähnen in meinem Nacken. »Baal!«, schrie Elli, die gerade Frau Geists Sommerjacke in der Hand hielt. »Lass Humboldt sofort runter!«

»Leg die zurück, du Göre«, fauchte Baal, wobei ich aus seinem Maul auf den Boden plumpste. Doch die Gefahr war noch nicht überstanden, denn jetzt setzte der Kater zum Sprung an. Er hatte es auf Elli abgesehen! Das konnte ich nicht zulassen!

Todesmutig klammerte ich mich an seinem Bein fest und zwickte ihn in den haarigen Bauch. Baal fauchte. Ich versuchte, auf seinen Rücken zu klettern. Sofort warf sich der Kater nieder und rollte über den Boden. Ich bekam seinen Schwanz zu fassen und rettete mich so davor, unter seinem Bauch zerquetscht zu werden.

Baals Schwanz wedelte herum wie ein außer Kontrolle geratener Ventilator. Es gab nur eine Möglichkeit, wie ich verhindern konnte, weggeschleudert zu werden: ich biss herzhaft hinein. Baal stieß ein Fauchen aus. Dummerweise konnte er seinen Schwanz locker erreichen und so fand ich mich gleich darauf in ein wütendes Kampfknäuel verstrickt wieder.

Wir traten und kratzten uns. Dann wurde es plötzlich nass. Elli schüttete Wasser aus einer Trinkflasche auf uns und schimpfte dabei: »Böser Kater, aus!«

Sie versuchte, Baal zu packen, was nicht so leicht war, weil der nasse Kater sich schüttelte.

»Was ist denn hier los?« Pfarrer Möhrle stand fassungslos in der Tür.

Er sah abgehetzt aus. Sein Sonnenhut saß etwas schief

auf seinem Kopf und bei seiner hellbraunen Weste mit den ausgebeulten Taschen hatte er sich verknöpfelt.

Ertappt erstarrten wir in der Bewegung.

»Ich dachte, ich sei zu spät, aber wie es aussieht, komme ich genau richtig.« Seufzend zog der Pfarrer seine Weste aus und warf sie achtlos über einen Turm gestapelter Stühle.

»Gib mir die Katze, Elli.«

Elli kam seiner Aufforderung nur zu gerne nach, nur um gleich darauf ihre Finger geschickt wie ein Taschendieb in die Taschen der Pfarrerweste gleiten zu lassen. Pfarrer Möhrle bemerkte nichts. Er war damit beschäftigt, Baal beruhigend zu streicheln.

Neugierig beobachtete ich ihn. Mein Bauchgefühl sagte mir, dass ich den Pfarrer von meiner Liste streichen konnte. Er beachtete mich kaum, sondern zerfloss in Mitleid für die nasse Katze. Dabei spielte er sich Elli gegenüber auf wie ein Richter, dem Fehl und Tadel selbst fremd sind. Ein wahres Engelchen, unser Pfarrer. So verhielt sich niemand, der es auf mein Leben abgesehen hatte.

Elli nahm mich auf die Hand. Auf dem Rückweg in den Probenraum zischte Baal mir zu: »Lass Frau Geist in Ruhe, Hamsterbacke!«

»Mach ich, kein Problem«, sagte ich schnell, um ihn zu besänftigen. Weitere kräftezehrende Kämpfe konnte ich wirklich nicht gebrauchen. Und Frau Geist war ohnehin nicht mehr interessant.

Baal zögerte. »Der aufmüpfige Hamster gibt einfach so nach? Höre ich richtig?«, fragte er.

»Keine Ahnung, was du durch dein Ohrenschmalz hörst.«

Ups. Ich hatte doch nett sein wollen. Beschwichtigend. Das war wohl nichts.

»Hüte deine Zunge, Ratte!«

»Hamster«, widersprach ich.

»Ratte«, fauchte er. »Hamster fresse ich nicht, Ratten hingegen schon … Apropos fressen: Was wolltest du in Frau Geists Tasche? Das ist MEIN Revier. Bist du lebensmüde?«

»Äh …«, stammelte ich und fragte, in dem Versuch abzulenken: »Warum bist du mir eigentlich gefolgt?«

»Weil ich mit dir reden wollte«, sagte er.

»Was hast du mir zu sagen?«, fragte ich cool. Auf keinen Fall sollte er den Eindruck haben, dass ich mich fürchtete.

»Ganz schön abgebrüht, der kleine Nager«, lachte Baal. »Dabei steckst du doch bis zum Hals in Schwierigkeiten, nicht wahr? In tödlichen Lottoschwierigkeiten.«

Woher wusste er das? Niemand außer Elli und mir konnte davon wissen. Wir und der Übeltäter natürlich! Bedeutete das, dass Baal …?

»Ich dachte, du wärst ein cleveres Kerlchen. Willst du nicht herausfinden, wer dahintersteckt?«

»Wie denn?«, fragte ich misstrauisch.

»Jedenfalls nicht, indem du in den Taschen unschuldiger Damen rumschnüffelst«, fauchte er.

Das machte mich wütend. »Wenn du etwas Besseres weißt, dann spuck es aus.«

Ich hatte keine Lust, mich von diesem Raufbold herunterputzen zu lassen.

»In der Tat weiß ich das«, sagte Baal. »Folge den Karten! So einfach ist das.«

Was sollte das denn heißen?

Wir betraten den Probenraum.

»Noch eine Sache, Langpfote, wir wissen beide, dass es außer dir keinen Dieb gibt. Du hast den Lottoschein. Also sieh zu, dass auch Elli Frau Geist aus dem Spiel lässt – oder wir sind keine Freunde mehr.«

Während der restlichen Chorprobe hielt Elli mich fest auf ihrem Schoß. Sie warf Baal böse Blicke zu, wovon der völlig unbeeindruckt schien. Er hatte es sich wieder auf dem Klavier bequem gemacht und nickte mir verschwörerisch zu.

Baals Worte ließen mich ratlos zurück. Keine Freunde mehr? Wann waren wir je welche gewesen? Woher wusste Baal, dass ich den Lottoschein hatte? Und warum war er anscheinend so erpicht darauf, mir zu helfen? Wollte er mich auf eine falsche Fährte locken? Fragen über Fragen. Aber ich wäre kein Humboldt, wenn ich mich ihnen nicht stellen würde!

# Mittwoch
# NOCH DREI TAGE

Ellis Frühstück stand unberührt auf dem Tisch, als ich nach einer lustlosen Runde Frühsport in die Küche trottete. Babs stellte gerade das Wohnzimmer auf den Kopf, noch immer auf der Suche nach dem Lottoschein. Währenddessen hatte Elli die Postkiste durchstöbert. Jetzt saß sie da, bleich, fast schon grünlich, mit einer weiteren Postkarte in der Hand.

Ich hatte keine Zweifel daran, dass die Kugel an der Galgenzeichnung einen Hamster darstellen sollte. Aber mich konnte das nicht mehr schocken. Wenn man erst einmal in Todesgefahr schwebt, wird man hart im Nehmen.

Die Galgenzeichnung stand wieder mal im krassen Gegensatz zu dem lieblichen Bild auf der Vorderseite der Karte. Dieses zeigte ein Porzellanpüppchen im roten Kleid, das ein Plüschhäschen zu streicheln schien.

In Gedanken ging ich meine verbliebenen Verdächtigen durch. Herr Bartel, der sich für einen feinsinnigen Künstler hielt, wäre ein so nostalgisches Kartenmotiv durchaus zuzutrauen. Aber zu einem Herrn von Ansberg oder Jugendlichen wie Kenny und Lenni passten sie nicht. Es sei denn, sie waren überaus gewieft und wollten mich damit in die Irre führen. Oder aber sie benutzten einfach Postkarten, die sie bei ihrer Tante aufgestöbert hatten.

Tja, alles reine Mutmaßungen. Etwas Handfestes musste her und ich plante, mich heute bei Herrn Bartel gründlich nach ähnlichen Karten umzusehen, wenn ich dort war. Bis dahin würde ich meine Ermittlungen im Laden fortsetzen. Ich wollte prüfen, wer von den gestrigen Verdächtigen erneut aufkreuzen würde. Außerdem war es höchste Zeit, MiuMiu einem Verhör zu unterziehen.

Elli, die die Karte weit mehr verstört hatte als mich, schien völlig neben der Spur zu sein. Geistesabwesend putzte sie sich die Zähne zweimal hintereinander. Kein

Wunder, dass sie noch nicht fertig war, als Babs sie in die Schule verabschieden wollte.

Meine Wuscheline tat mir aufrichtig leid. Aber vor allem war ich dankbar für die nun entstandene Hektik. Auf die Schnelle fand Elli nämlich keine gute Ausrede, um mich wieder in die Wohnung zu sperren. Sehr praktisch. So durfte ich ohne einen lästigen und zeitaufwendigen Wohnungsausbruch mit Babs in den Laden.

Dort erklomm ich schnurstracks meinen Beobachtungsposten auf dem höchsten Regal. Heute würde ich eine wichtige Entdeckung machen. Davon war ich fest überzeugt. Zwischen einem Reiseschachbrett und einem Damespiel in Miniaturausgabe bezog ich Wache.

Als Allererstes fand ich etwas Hochspannendes, aber auch überaus Lästiges heraus. Einer meiner Hauptverdächtigen wich von seiner täglichen Routine ab, indem er einfach nicht aufkreuzte.

Frau Geist, die mit Baal im Schlepptau hereinkam, berichtete Babs voll Mitleid, dass Herr Bartel krank sei.

»Ich habe ihn auf dem Weg zu Ihnen vor der Apotheke gesehen. Er schnieft fürchterlich, der Ärmste«, seufzte sie.

Das machte die Sache unangenehm verzwickt. Denn wenn Herr Bartel krank war, würde auch Ellis Geigenunterricht ausfallen. Ich seufzte. Wenn ich den Fall nicht bald löste, musste ich wohl oder übel bei ihm einbrechen.

Ich zuckte heftig zusammen, als mich eine Tatze auf dem

Regal förmlich festnagelte. Oh du räudige Milbe, dieser verlauste Kater! Baal war klammheimlich auf mein Regal geklettert, während ich mich noch voll und ganz auf Frau Geist konzentriert hatte.

»Pssst, kein Mucks«, raunte Baal. »Sonst trennen sie uns sofort.«

Ein verlockender Gedanke. Trotzdem nickte ich. Ich konnte sicher mehr herausfinden, wenn ich kooperierte.

Baal gab mich frei.

»Warum liegst du Faulpelz immer noch hier herum?«

Das machte mich wütend.

»Ich liege nicht herum«, verteidigte ich mich. »Ich beobachte und ziehe meine Schlüsse!«

»Besser, du spuckst erst einmal die Spielsteine aus. Die Dinger machen dein Genuschel nicht verständlicher«, meinte er trocken.

Oh nein, ich wollte doch cool sein! Stattdessen hatte ich mir während unseres Gesprächs die kleinen Damesteinchen in die Backentaschen gestopft. Der Kater machte mich einfach zu nervös. Wie peinlich!

Trotzdem, Baal hatte hier nichts zu melden. Auf seinen Befehl hin würde ich sie gewiss nicht ausspucken. Trotzig starrte ich ihn an, die Backen zum Bersten voll. Unsere Blicke trafen sich, keiner machte einen Mucks. Keiner wollte derjenige sein, der zuerst wegsah. Schließlich seufzte

Baal und schüttelte den Kopf. Er verdrehte die Augen. »Mit ›Folge den Karten‹ meinte ich: Gehe ihren Weg zurück und finde heraus, woher sie kommen.«

Ich sollte beobachten, wer die Karten in die Briefkästen der Post einwarf? Zugegeben, die Idee war brillant. Ich könnte mich in den Allerwertesten beißen, dass ich nicht selbst darauf gekommen war. Natürlich war es nicht der einzige Weg, um den Fall zu lösen. Meine Ermittlungen hätten zweifellos ebenfalls zum Ziel geführt. Doch mit dem neuen Ansatz des Fellfuzzis ging es vermutlich schneller. Trotzdem wunderte ich mich immer noch, woher er so viel über meinen Fall wusste. Er musste irgendwie in der Sache drinstecken!

»Baal, Schnurrischatz«, trällerte Frau Geist. »Es gibt doch nicht schon wieder Ärger mit dem Hamsterchen?«

Und bevor Baal noch irgendetwas sagen konnte, hatte Frau Geist ihn schon vom Regal gepflückt und den Laden mit ihm verlassen.

Der Gedanke an das Glück meiner geliebten Menschen machte es mir leichter, Baals Rat zu folgen und meinen Stolz hinunterzuschlucken – obwohl der schmeckte wie aufgeweichte Pappe. Würg.

Wenn ich aber schon meinen Beobachtungsposten aufgab, wollte ich mich vorher wenigstens um eine Observation des Katers kümmern. Denn der wusste verdächtig viel. Und ich wusste auch schon, wer mir dabei helfen würde!

Wenn es gut lief, konnte ich gleich noch die Beobachtung des Vogelhäuschens herausschlagen.

Damit ich mich unbemerkt davonstehlen konnte, ohne dass Babs gleich einen Suchtrupp zusammenstellen würde, griff ich zu Trick 17. Ein hellbraunes Wollknäuel sollte als meine Vertretung einspringen. Kaum war Babs für einen kurzen Moment im Hinterzimmer verschwunden, platzierte ich es auf dem Regal, auf dem ich den Vormittag verbracht hatte. Als ich fertig war, konnte man nur noch ein klitzekleines Stückchen davon sehen. Es sah aus wie die Rundung meines knackigen und gleichzeitig plüschigen Hamsterpopos. Ich zählte darauf, dass Babs sich davon täuschen lassen würde.

Dann kletterte ich vom Regal und hoppelte zur Ladentheke. In der untersten Schublade bewahrte Elli stets Süßkram, Cracker und Reiswaffeln auf. Versteht sich von selbst, dass ich kurz nach meinem Einzug ein hamstergroßes Loch in den dünnen Schubladenboden geknabbert habe. So hatte ich stets Zugang zum Schlaraffenland, ohne extra um Leckerli bitten zu müssen.

Flink schnappte ich mir eine halb volle Tüte Chips. Trotz der knistrigen Verpackung gelang es mir, sie unbemerkt aus dem Laden zu ziehen. Zum Glück lüftete Babs gerade, sodass die Tür offen stand.

»Babs' Lädchen« liegt direkt gegenüber des Schulhofs. Und wie auf jedem großen Platz tummelten sich auch dort etliche Tauben. Nur dass die Ditzendorfer Tauben besondere Tauben sind. Zumindest seit zwei Neue auf dem Schulhof aufgetaucht waren: Icke und Piet.

Man munkelte, dass Icke aus Berlin stammt, wo er linke Geschäfte mit den Kanalratten betrieben hatte. Piet kommt aus Hamburg und war auf der Reeperbahn zu Hause. Keiner weiß, was die beiden nach Ditzendorf verschlagen hat. Seit sie hier sind, betreiben sie jedenfalls ein reges Geschäft: die »Icke & Piet – Flieg und Schiet«-Agentur. Inzwischen sind fast alle Ditzendorfer Tauben Mitarbeiter der beiden.

Tiere, die mit Menschen unzufrieden sind, können bei der »Icke & Piet – Flieg und Schiet«-Agentur Tauben buchen, damit diese ihre Taubenhäufchen auf ganz bestimmten Autos abladen. Oder frisch geputzte Fenster und Wäsche, na ja, vollschieten eben. Natürlich nicht kostenlos.

Ich hatte Icke und Piet schnell gefunden.

»Hajo«, begrüßte ich sie etwas undeutlich, da ich die Chipstüte mit den Zähnen festhielt.

»Tagchen, Kleener«, antwortete Icke. »Das sieht nach einem Auftrag aus. Darf ick dir das abnehmen?« Er schnappte sich die Tüte, steckte den Kopf hinein und fing direkt an zu fressen. Ich hörte ihn schnurpsen.

»Wie viele Flatschen und wohin?«, kam es aus der Tüte.

»Wie bitte?«

»Taubenflatschen«, sagte jetzt Piet. »Er meint Aa-Häufchen. Dreck.«

»Oh, klar«, sagte ich. »Keine Haufen für mich, bitte. Es geht um etwas anderes. Ihr sollt jemanden für mich beschatten.«

Icke zog den Kopf aus der Tüte und fixierte mich. »Mensch oder Tier?«

»Tier.«

»Keene Chance.«

»Aber ...«

»Nee. So wat machen wir nich.«

»Aber ...«

»Keen Aber. Nee.«

So hatte ich mir das nicht vorgestellt.

»Du hast die Bezahlung schon gefressen«, beschwerte ich mich.

Piet schaltete sich wieder ein: »Dafür bekommst du einen Gutschein. Die nächste Schietattacke ist damit im Voraus bezahlt.«

»Ihr schuldet mir einen Gefallen. Ich habe euch im Winter unzählige Male reingelassen, damit ihr euch aufwärmen könnt.«

Jetzt sahen sie wenigstens etwas schuldbewusst drein. Das musste ich ausnutzen.

»Ihr sollt nur einen einzigen Tag lang eine Katze beobachten.«

»Eine Katt?«, fragte Piet und Icke lachte: »Sag dit doch gleich. 'ne Katze. Dit is keen Problem. Katzen sind dit Letzte.«

Einige Augenblicke später waren wir uns einig. Icke, Piet und ihr bester Mann Mustafa würden Baal folgen. Ich handelte sogar noch aus, dass sie bei Herrn Bartel vorbeifliegen würden. Ich musste herausfinden, was in dem Brief stand, der ihn so aufgeregt hatte. Und noch etwas würden sie für mich tun: Sie würden die Nachricht unter den Tauben verbreiten, dass das Vogelhäuschen im Dorfgrün beobachtet werden sollte. Wer sich ihm

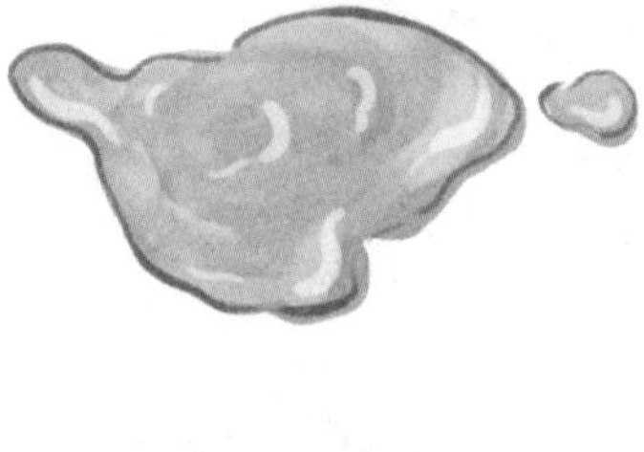

näherte, war mit fetten Flatschen zu markieren. Anschließend sollte sofort Meldung erstattet werden. Allerdings wollten sie dafür zusätzliche Snacks. Eine frische Brezel oder noch mehr Knabbergebäck. Es waren und blieben eben Geschäftstauben. Und Abzocker. Natürlich stimmte ich zu.

»Wir rufen dich an, sobald wir etwas wissen«, versprach Piet mir.

Im nächsten Moment flatterte die ganze Taubenschar von dannen, sodass ich keine Möglichkeit hatte, um zu fragen, wie er das anstellen wollte.

Als Nächstes machte ich mich auf zur Straßenkarte von Ditzendorf, die sich in einem Glaskasten gegenüber dem Schulhof befand.

Ich kannte mich im Dorf zwar gut aus, doch wo die Briefkästen der Post standen und wie ich am schnellsten dort hinkommen würde, wusste ich nicht.

Beim Lesen der Karte machte ich eine erschütternde Entdeckung: Im Dorf gab es nicht nur einen, sondern vier Briefkästen, in die der Erpresser seine Postkarten werfen konnte! Davon war einer an unserem Haus angebracht. Den konnte ich getrost ausschließen. Blieben noch drei weitere. DREI Briefkästen und noch DREI Tage. Das würde gewaltig knapp werden. Aber so, wie der große Alexander von Humboldt den Mut auf seiner gefährlichen Reise durch die Anden nicht verloren hatte, blieb auch ich tapfer und zuversichtlich.

Ich atmete tief durch und trotzte der Welt mit meinem Yogamantra: »Ommm. Lässig bleiben, Humboldt, in der Größe liegt die Kraft.«

Danach fühlte ich mich wieder cool wie eine Gurke aus dem Kühlschrank. Doch auch kühl betrachtet, blieb die Situation knifflig. Zu dumm, dass ich kein Maultier hatte so wie Alexander bei seiner Reise durchs Gebirge.

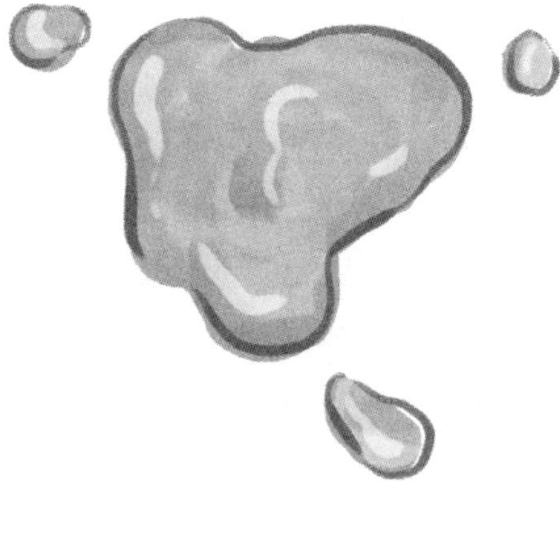

# Mittwoch
# DEN KARTEN AUF DER SPUR

Ich stand noch etwas ratlos vor der Straßenkarte, als ich MiuMiu an der »Hunde-Bar« vor »Babs' Lädchen« entdeckte. Frau Becker, die auf der anderen Straßenseite schwatzte, hatte sie offenbar von der Leine gelassen, damit MiuMiu etwas trinken konnte. Zu diesem Zweck stellte Babs im Sommer stets Wasserschüsseln vor ihrem Laden auf. »Kundenservice« nennt sie das. »Tierliebe« sage ich dazu.

Die Pudeldame kam wie gerufen, denn sie war noch viel besser als ein Maultier. Sie war viel flinker. Es musste mir nur gelingen, sie davon zu überzeugen, meinen Packesel zu spielen. Das war in etwa so leicht, wie einem Wildschwein das Tanzen beizubringen.

Bei meinem Anblick setzte MiuMiu eine zerknirschte Miene auf. »Tut mir leid wegen gestern«, entschuldigte sie sich. »Ich hätte dich nicht so anbellen und auslachen dürfen. Du bist mir ja nicht absichtlich auf den Kopf gefallen.«

»Kein Problem«, antwortete ich großzügig. »Ich weiß, wie du es wiedergutmachen kannst.«

Überrascht sah sie mich an. Offensichtlich hatte sie geglaubt, mit einer Entschuldigung sei es getan. Wäre normalerweise auch so. Ich bin ja nicht kleinlich. Aber wir befanden uns in einem Ausnahmezustand. Heute konnte ich sie leider nicht so billig davonkommen lassen. Und sie hatte mir den idealen Einstieg geliefert, um sie festzunageln.

»Bring mich zu dem Postbriefkasten im Amselweg«, forderte ich selbstbewusst.

MiuMiu kam gar nicht auf die Idee, mich zu fragen, was ich dort wollte. Sie war viel zu entsetzt von der Idee.

»Du willst auf mir reiten? Kommt nicht infrage! Wie sähe das denn aus?«

Ich machte große – und wie ich hoffte –, mitleiderregende Augen und jammerte: »Du bist so groß und flink. Ich dagegen habe kurze Beine und wäre ewig unterwegs.«

»Diese Stummelbeinchen sehen in der Tat nicht besonders nützlich aus«, räumte sie ein.

STUMMELBEINCHEN???

Mit ihrer Schafsfrisur war MiuMiu ja wohl die Letzte, die sich über das Aussehen anderer lustig machen sollte. Aber weise wie ich war, verkniff ich mir eine bissige Antwort.

Sie ließ sich tatsächlich weichkochen und beugte sich zu mir herunter, damit ich an ihrem flauschigen Fell hinaufklettern konnte. In Windeseile trabten wir die Straßen entlang. Nach nur wenigen Minuten erreichten wir den ersten Briefkasten. Doch der Briefschlitz war mit einem weißen Band verklebt.

»Außer Betrieb« stand darauf. Daneben war ein Zettel befestigt, der aussah, als sei er aus einem Notizbuch gerissen worden. Auf den hatte jemand gekritzelt: »Bedanken

Sie sich bei dem Knallkopf, der es witzig fand, seinen Fruchtsaft hier einzufüllen. Ihr empörter Postbeamter!«

Mir fielen auf der Stelle zwei, drei Jungs aus Ellis Schule ein, denen ich so etwas sofort zutrauen würde. Aber deren Streich war mein Glück. Damit blieben nur zwei Briefkästen übrig.

»Kannst du mich noch ein Stück mitnehmen?«, fragte ich.

»Wohin?« MiuMiu klang nicht begeistert. Hoffentlich musste ich jetzt nicht schon wieder mit ihr diskutieren! Der süße Hamsterblick hatte auch seine Grenzen.

»Der nächste Briefkasten steht im Zeppelingrund. Ich kann dich dort hinlotsen.«

»Mitnehmen ist gut«, murrte MiuMiu. »Den Zeppelingrund kenne ich, das ist überhaupt nicht mein Weg.«

»Bitte, bitte«, bettelte ich und hopste auf ihrem Rücken auf und ab.

»Na gut«, seufzte MiuMiu. »Aber dann ist Schluss!«

»Okay«, versprach ich und überkreuzte dabei meine Pfoten hinter dem Rücken.

Das Gute war, dass ich MiuMiu auf dem Weg zum nächsten Briefkasten ordentlich auf den Zahn fühlen konnte.

»Sag mal, benehmen sich Lenni und Kenny zurzeit irgendwie komisch?«

»Das tun sie immer«, meinte die Pudeldame und rümpfte die feine Nase.

»Komischer als sonst, meine ich. So als hätten sie etwas vor. Flüstern sie viel?«

MiuMiu dachte kurz nach. »Also falls sie wirklich etwas aushecken, muss es etwas sein, das man nicht vorbereiten muss. Sie hocken Tag und Nacht in ihrem Zimmer, kleben an der Spielekonsole und stinken wie Iltisse in alten Socken. Grauslich! Ich zähle die Tage, bis ihre Eltern von ihrer Forschungsreise zurückkommen. Dann bin ich die beiden Stinktiere endlich wieder los!«

Mit dieser Antwort war ich mehr als zufrieden. Sie bedeutete, dass ich nun auch die beiden Jungs von der Liste der

Verdächtigen streichen konnte. Genau wie ihre Tante, Frau Becker, die ich wegen ihres sehr eindeutigen Geruchs hatte ausschließen können.

»Warum willst du eigentlich unbedingt zu den Briefkästen?«, fragte MiuMiu nun doch. »Sieht nicht so aus, als hättest du in deinen Hamsterbacken einen Brief versteckt.«

Weil ich wusste, dass ein Geheimnis bei MiuMiu ungefähr so sicher war wie eine geöffnete Dose Thunfisch direkt vor Baals Schnauze, geriet ich ganz schön ins Schwitzen. Fieberhaft überlegte ich, was ich ihr sagen sollte.

»Ach, da wurde ein Brief falsch eingeworfen«, nuschelte ich schließlich.

Zum Glück erreichten wir in diesem Moment den zweiten Briefkasten, sodass ich mir keine weiteren Details ausdenken musste.

»Endstation!«, rief MiuMiu. »Und jetzt runter von mir.«

Bevor sie mich abwerfen konnte, schwang ich mich von ihrem Rücken. Kaum war ich unten, schüttelte sie sich und machte kehrt. Ich hörte sie gerade noch murmeln: »Nie wieder. Ich schwöre, nie wieder.«

»Es war auch schön, dich zu sehen!«, rief ich ihr hinterher, doch MiuMiu stolzierte einfach weiter.

Ich wandte mich dem Briefkasten zu. Das Ding wies nicht den kleinsten Vorsprung auf, an dem ich mich hätte festhalten können. Warum zum Donner konnte nie etwas einfach sein? Blöd, dass MiuMiu schon abgezogen war.

Sie hätte mir eine Hundeleiter sein können! Wie sollte ich alleine dort hinaufkommen?

Der Briefkasten stand vor einem braunen Jägerzaun. Einige Äste eines buschigen Haselstrauchs streckten sich zwischen den Holzlatten des Zauns hindurch. Ein besonders langer endete wenige Zentimeter über dem Briefkasten.

Rasch quetschte ich mich durch den Zaun und erklomm den Haselstrauch. Eine meiner leichtesten Übungen. Je höher ich kletterte, desto dünner wurde der Ast und desto weiter senkte er sich unter meinem Gewicht nach unten. Alles wie geplant.

Bald schon bog sich der Ast wie der Buckel einer wütenden Katze. Ich hangelte mich weiter daran entlang, zuletzt sogar kopfüber, bis ich den Briefschlitz erreichte. Mit den Hinterbeinen klammerte ich mich an dem Haselstrauch fest, mit den Vorderpfoten öffnete ich die Klappe. Vorsichtig, damit ich nicht herunterfiel, schob ich das letzte Stück des Astes hinein und blockierte damit die Klappe, sodass sie nicht zufallen konnte. Mein Rückweg war gesichert!

Ich hangelte mich bis zum Ende des Asts vor und landete auf einem Haufen Briefe und Karten. Durch den offenen Briefschlitz drang nur wenig Tageslicht bis zu mir herunter. Gerade genug, um die Schrift auf den Briefen und Karten lesen zu können.

Ich durchwühlte die Post auf der Suche nach »unserer« Karte. Fehlanzeige! Das konnte nur zwei Dinge bedeuten:

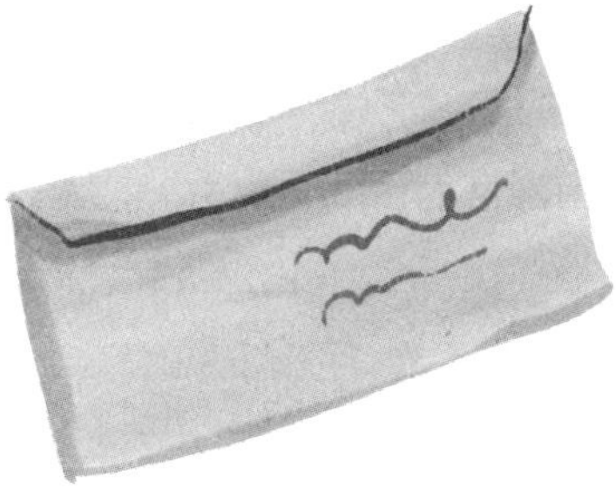

Entweder der Übeltäter kam noch oder ich saß im falschen Briefkasten.

Mir graute vor Möglichkeit zwei. Ich musste den Lottoschurken schnellstmöglich entlarven. Für Fehlschläge hatte ich keine Zeit.

Ich atmete tief durch, raunte mir mein Mantra vor und übte mich in Geduld. Aber ich musste mich schwer zusammennehmen, um die Post nicht anzufressen. Dann, endlich, wurde etwas durch den Briefschlitz zu mir hereingeworfen. Eine spitze Kante traf mich am Kopf. Die Ecke einer Postkarte! Mit beiden Vorderpfoten packte ich sie und drehte sie um. Ich war sicher, das gefürchtete »Noch zwei Tage« zu lesen. Stattdessen stand da:

Lieber Opa,

wir wünschen dir alles Gute zum Geburtstag.

Weiter las ich nicht. Wozu auch? Enttäuscht ließ ich die Karte fallen. Mit einem Mal war ich überzeugt, im falschen Briefkasten zu sitzen. Ich vergeudete kostbare Zeit!

Mit allen vieren trampelte ich auf der unschuldigen Karte herum. Geburtstag hin oder her. Dabei fluchte ich wie ein Meerschwein. Ich veranstaltete so einen Rabatz, dass ich nicht merkte, wie sich jemand an dem Briefkasten zu schaffen machte.

Schlagartig wurde es hell. Gleichzeitig wurde die Welt aus den Angeln gehoben. Zumindest kam es mir so vor.

Der Boden geriet ins Wanken. Unten war jetzt oben und rechts war links. Die Briefe gerieten ins Rutschen und ich mit ihnen. Hilfe, der Briefkasten wurde geleert! Geistesgegenwärtig sprang ich auf die Geburtstagskarte und surfte auf ihr über die Brieflawine.

Noch bevor der Postbeamte mich zusammen mit den Briefen und Postkarten in seinen Sack stopfen konnte, gelang mir die Flucht, indem ich mich ausgerechnet auf die Hand des Mannes rettete, der das ganze Durcheinander verursacht hatte. Pfeilschnell kletterte ich an ihm hoch. Auf meinem Weg nach unten schüttelte er sein Hosenbein und streifte mich ab.

»Igitt, Ratten«, schimpfte er.

Mit rasendem Herzen flüchtete ich um die nächste Ecke und blieb dort keuchend stehen. Puh! Das war knapp!

»Ich dachte schon, er würde dich einkassieren.«

MiuMiu! Überrascht sah ich die Pudeldame an. »Was machst du denn noch hier?«

Sie senkte ihren Kopf, damit ich wieder an ihrem Fell hinaufklettern konnte. »Ich war schon halb zu Hause, aber dann musste ich an deine Stummelbeinchen denken und dass du auf dem Weg wahrscheinlich von einer Krähe gefressen werden würdest. Wie sollte ich danach Elli jemals wieder in die Augen sehen?«

»Ich hab keine ...« Den Rest des Satzes schluckte ich schnell runter. Manchmal war es einfach besser, die

Schnauze zu halten. Ein kostenloses Taxi nach Hause war einiges wert!

Als MiuMiu mich in »Babs' Lädchen« absetzte, war es schon Nachmittag. Zu dem anderen Briefkasten brauchte ich heute nicht mehr gehen, der war bestimmt auch schon geleert worden.

»Humboldt, da bist du ja!«, kreischte Elli, als MiuMiu die Tür zu »Babs' Lädchen« mit ihrer Schnauze aufdrückte und ich durch den Spalt ins Innere huschte.

Elli sah furchtbar aus. Sie hatte rot verheulte Augen. Ihre Lider erinnerten mich an rosa Raupen und ihre Nase war dunkelrot vom vielen Schnäuzen. Meine liebe, arme Wuscheline. Natürlich waren sie und Babs nicht auf meine Hamsterpo-Attrappe hereingefallen!

Sie nahm mich hoch, herzte und küsste mich. Sie quetschte und drückte mich. Angenehm war es nicht. Aber ich ließ es über mich ergehen. Ich war ja froh, sie zu sehen.

»Ich habe mir solche

Sorgen gemacht«, schniefte sie. »Wo hast du nur gesteckt, du verrückter Hamster? Ich dachte schon, der Erpresser hätte dich geholt, dieser Schuft.«

Babs kam dazu und schloss uns in die Arme. »Wie gut, dass du wieder da bist, Humboldt«, murmelte sie. »Du darfst nie wieder verschwinden. Du gehörst schließlich zur Familie. Und wenn ich dich gegen jeden Schuft der Welt verteidigen muss. Wir geben dich nicht her, nie und nimmer!«

Mir war sofort klar, dass sich Elli ihrer Mutter anvertraut hatte. Endlich! Darüber war ich so glücklich, dass ich mindestens zehn Sekunden lang keinen Hunger verspürte. Aber dann war er wieder da. Ich nahm mir ausgiebig Zeit, Hunger und Durst zu befriedigen, und heimste ganz nebenbei eine Monatsration Küsschen ein.

Danach behielt Elli mich die ganze Zeit im Auge, sodass ich die Ermittlungen für heute einstellen musste.

# Donnerstag
# NOCH ZWEI TAGE

Am Donnerstagmorgen lag ganz oben in der Postbox eine Karte, auf deren Vorderseite ein schwarzer Wecker mit römischen Ziffern abgebildet war. Noch bevor meine Barthaare vibrierten, wusste ich, dass sie es war: UNSERE Karte. Und sie lag nur einen Pfotengriff von mir entfernt. Ich drehte sie um und las:

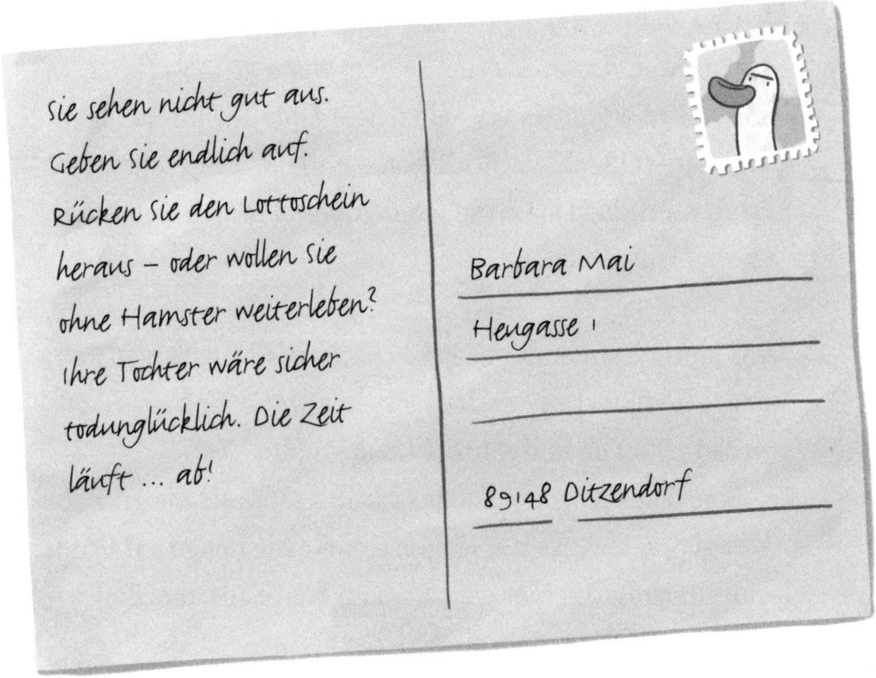

Der erste Satz ließ mein Fell zu Berge stehen.

Der Lottoschurke hatte Babs gesehen! Er war gestern also wirklich im Laden, während ich auf geheimer Mission unterwegs gewesen war. Tja, Baal, von wegen, ich »liege nur herum«.

Aber wenigstens wusste ich nun mit Sicherheit, dass ich im falschen Briefkasten gelauert hatte. Blieb also nur noch einer, in den mein Erzfeind die Karten eingeworfen haben konnte. Dass heute schon Donnerstag war, machte die Sache nicht besser. Ich musste ihn HEUTE erwischen.

Und dann? Was würde ich tun, wenn ich ihn entlarvt hatte? Nun, das würde sich zeigen, wenn es so weit war. In jedem Fall würde es ein schlechtes Ende für ihn nehmen. Ein sehr schlechtes! Blutige Nase nicht ausgeschlossen. Dann würde sich mein tägliches Training im Schattenboxen endlich auszahlen.

Vor lauter morgendlichem Lottoschein-Gesuche war Babs heute noch viel später dran als sonst. Alle »frühen Vögel« waren schon da und warteten ungeduldig.

Frau Becker wirkte sogar richtig sauer. Als sie an Babs vorbeiging, motzte sie: »Wieso trödeln Sie immer so? Unser guter Herr Bartel hier hat sich halb krank aus dem Bett gequält und ist trotzdem pünktlicher als Sie.«

So eine Schnepfe! Herr Bartel stand mit hängenden Schultern neben ihr und schnäuzte sich kräftig die Nase. Törööö!

Babs setzte zu einer Antwort an, da klingelte ihr Handy. Frau Becker sah sie missbilligend an. »Ich möchte ein Paket abholen und ich habe es wirklich sehr eilig.«

»Entschuldigung«, sagte Babs, drückte den Anruf weg und schaltete den Ton aus. Eine Sekunde später begann ihr Handy zu vibrieren.

Frau Becker schien heute mit dem falschen Fuß aufgestanden zu sein, denn sie tappte genervt auf den Boden.

»Entschuldigung!« Babs lächelte zerknirscht, drückte den Anruf erneut weg und legte das Telefon zu den Fressalien in die untere Schublade. Dabei konnte ich einen Blick auf das Display erhaschen: unterdrückte Nummer.

Ich musste an Icke und Piet denken, die mir gestern versprochen hatten, mich anzurufen. Waren sie das etwa? Heimlich kletterte ich durch mein Räuberloch in die Schublade und beäugte das Handy. Als hätte es nur darauf gewartet, erschienen ein großes grünes Hörersymbol auf dem Bildschirm und darüber wieder die Info »Unterdrückte Nummer«. Ich presste meine Nasenspitze auf den grünen Hörer und wartete, was passieren würde. Noch nie im Leben hatte ich ein Telefonat geführt. Zunächst blieb es eine Weile still. Dann schnarrte Ickes Stimme aus dem Handy: »Hallo? Is da wer?«

Ich nickte begeistert. Es klappte!

»Hallo?«, fragte er wieder. »Mach mich nich wuschig, Hamsterchen. Biste da oder nich?« Er klang genervt.

Natürlich hatte er mein Nicken nicht gesehen. »Ja, ich bin da«, sagte ich schnell.

»Humboldt? Sag dit doch gleich. Wir haben wenig Zeit zu quasseln. Wir sind bei dem Bartel. Der kann jederzeit zurückkommen.«

»Nein, nein«, beruhigte ich ihn. »Er steht noch bei uns im Laden und schnieft.«

Icke lachte: »Na, dann frag ihn doch mal, wo er sein Handy hat.«

»Ihr habt sein Handy geklaut?«

»Jeborgt, mein Freund. Jeborgt!«

»Lasst uns mal zu Potte kommen«, mischte Piet sich ein. »Wir schicken dir jetzt ein Foto.«

Tatsächlich vibrierte das Handy. Dieses Mal erschien ein Symbol, das einem Briefumschlag ähnelte. Ich drückte darauf und der Bildschirm zeigte … eine Großaufnahme von Piet.

»Hübsch«, sagte ich. »Aber was soll mir das bringen?«

»Zeig mal«, hörte ich Icke sagen. Und dann: »Du hast schon wieder ein Selfie jemacht! Lass dit mal, Piet.«

Gleich darauf vibrierte das Handy wieder. Dieses Mal bekam ich ein nützliches Bild: den Brief.

»Und«, fragte Icke. »Steht wat Interessantes drin?«

Offensichtlich war er zwar eine hervorragende Geschäftstaube, aber im Lesen nicht der Stärkste.

»Nee, nicht wirklich. Außer ihr findet es verdächtig, dass Herr Bartel einen Fehler bei seinen Steuern gemacht hat und dem Finanzamt noch 79 Cent schuldet«, erklärte ich. Und das wiederum hieß, dass er kein Motiv hatte, um Babs und Elli zu erpressen.

Ich zitterte vor Enttäuschung. Frau Becker war nicht die Erpresserin. Frau Geist auch nicht. Wenn man MiuMiu glauben durfte, waren es Lenni und Kenny auch nicht. Und nun stellte sich auch noch Herr Bartel als motivlos heraus. Wer zum Donner war es denn nun? Mit wenig Hoffnung fragte ich: »Habt ihr sonst etwas entdeckt? Kitschige Postkarten vielleicht?«

»Hustensaft und Rotztücher in jeder Ecke«, sagte Piet. »Geigenkrams. Ansonsten nicht viel.«

»Dit is richtig langweilig hier«, ergänzte Icke.

»Und im Dorfgrün?«, hakte ich nach. »War jemand Auffälliges beim Vogelhäuschen?«

Beide Tauben verneinten. »Unsere Leute halten alle die Augen offen, aber bisher hat sich keiner seltsam benommen«, berichtete Piet. »Zumindest nicht seltsamer als sonst. Menschen sind komische Vögel, sag ich dir.«

Ich gab mir Mühe, das Ganze positiv zu betrachten. Immerhin war ein Verdächtiger weniger im Spiel und ich war nicht mehr gezwungen, in einer Nacht- und Nebelaktion bei

Herrn Bartel einzusteigen. Aber wer wollte mir dann an den Kragen? War es vielleicht doch Baal, der mich mit seinem Tipp nur ablenken wollte?

»Und Baal?«, fragte ich. »Habt ihr etwas über ihn herausgefunden?«

»Über den Kater? Nich direkt ...«, druckste Icke herum.

Piet gab zu: »Er hat gemerkt, dass wir ihn beobachten. Natürlich nicht sofort. Zuerst ist er mit seinem Frauchen nach Hause gegangen. Mustafa musste so laut über die Leine lachen, dass er uns beinahe ertappt hätte.«

»Hat er aber nich. Da war noch allet paletti«, fiel ihm Icke ins Wort.

»Nachdem sein Frauchen ins Haus gegangen ist, kam der Vogelfresser allein wieder raus.«

»Und dann?«, fragte ich neugierig.

»Nix dann. Schneller als man gucken konnte, hat sich der große Hund von nebenan auf ihn gestürzt.«

»Der wollte ihn echt fertigmachen«, mischte sich eine Stimme ein, die ich noch nicht kannte. Wahrscheinlich war das Mustafa.

Piet erzählte weiter: »Der Kater konnte gerade noch sein Fell retten, indem er auf einen Baum geflüchtet ist.«

»Unseren Baum«, erläuterte Icke. »Wie er uns entdeckt hat, war er janz schön baff.«

»Klar, dass wir die Mission abbrechen mussten«, ergänzte Piet.

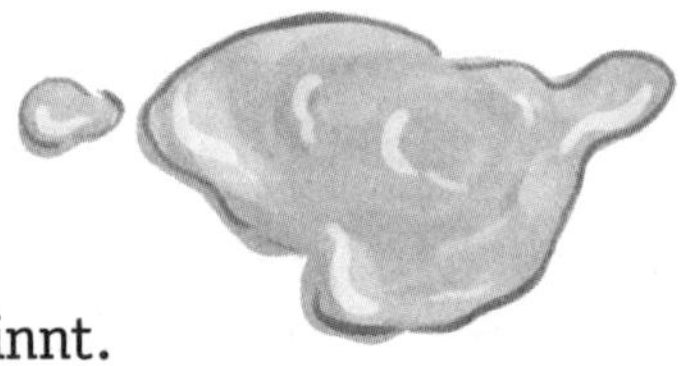

»Warum seid ihr nicht vorher weggeflogen?«, fragte ich genervt.

»Na ja, wir wollten wissen, wer jewinnt. Hund oder Katz.«

»Wir haben Wetten abgeschlossen«, gab Piet zu. »Und dann war es plötzlich zu spät und er stand vor uns.«

»Der hätte mich fast gefressen«, beschwerte sich Mustafa.

»Wie jesagt, da haben wir 'n Abgang gemacht«, sagte Icke.

Ich konnte jeden verstehen, der sich auf den großmäuligen Kater stürzte. Ganz sicher würde ich es nicht aushalten, neben ihm zu wohnen. Aber wie um alles in der Welt konnten die Tauben so DÄMLICH sein, sich deswegen erwischen zu lassen? Musste ich denn alles selber machen?

Ich bedankte mich trotzdem brav bei dem Federvieh – Kontakte muss man pflegen. Dann legte ich auf. Mutlos kletterte ich aus der Schublade. Ich hatte das ungute Gefühl, etwas sehr Wichtiges übersehen zu haben. Ich wollte meinen Frust herausbrüllen und irgendetwas kurz und klein schlagen. Aber der große Alexander von Humboldt hatte sich bestimmt niemals so gehen lassen. Und ich hatte dafür leider auch keine Zeit. Es gab Arbeit zu tun. Der vierte Briefkasten war jetzt meine heißeste Spur.

Ich sparte mir die Wollknäuel-Hamster-Attrappe. Nach dem gestrigen Tag würde Babs sicher nicht mehr darauf hereinfallen. Ich konnte nur hoffen, dass ich schnell wieder zurück sein würde. Und ich hatte eine famose Idee, wie ich meine Reise zu diesem letzten Briefkasten beschleunigen konnte. Ein Blick auf die große Uhr an der Wand hinter der Theke zeigte mir, dass meine Mitfahrgelegenheit in Kürze hier eintrudeln würde: Theo, auf seinem Postrad.

Ich musste mich sputen. Doch meine Erfahrung mit dem letzten Briefkasten hatte mich gelehrt, dass es gar nicht so leicht war, dort hinein- und wieder herauszukommen. Dieses Mal wollte ich besser ausgerüstet sein! Alles, was ich für eine hamstermäßige Kletterpartie brauchte, war ein Stück Wollfaden von der Hamsterpo-Attrappe, das ich in meiner linken Backentasche verstaute.

Kaum hatten die Kunden den Laden verlassen, ging Babs nach draußen und begann, die Markise auszufahren und die üblichen Windspiele daran aufzuhängen. Es gelang mir, unbemerkt herauszuflitzen und mich hinter der Hundebar zu verstecken.

Bitte geh endlich rein, flehte ich innerlich und schaute zu ihr hoch.

Ich hörte schon das leise Klappern, das Theos Rückkehr ankündigte. Es stammte von der inzwischen leeren Postbox, die er nach seiner Runde stets bei uns ablieferte. Aber wie sollte ich mich davonstehlen, wenn Babs hier draußen stand? Mir fiel ein Stein vom Herzen, als ich sie sagen hörte: »Hallo, Theo. Ganz schön warm heute, oder? Möchtest du ein Glas Wasser trinken?«

Theo bejahte. Das war meine Chance! Wenige Minuten später schwang sich Theo wieder auf den Sattel und radelte pfeifend los. Mit mir als blindem Passagier.

Dank Theo und seinem Postrad erreichte ich den letzten Briefkasten sogar noch schneller, als ich es mit dem Hundetaxi geschafft hätte.

Dieses Mal war er an einer Hauswand befestigt. Ich schnupperte und musste niesen. Chlorgeruch, pfui! Das musste das Ditzendorfer Hallenbad sein. Ich lachte vor Freude, als ich sah, dass ein Mensch sein Fahrrad an den Briefkasten gelehnt hatte. Was für ein Glück! So durfte es gerne weitergehen.

Ich las einen Stein vom Boden auf und steckte ihn in meine rechte Backentasche. Voll Zuversicht und Tatendrang kletterte ich das Fahrrad hinauf bis zum Lenker. Flugs kramte ich die Schnur aus meiner linken Backentasche und befestigte sie ordentlich an der Fahrradklingel.

Auf der Lenkstange balancierend schaffte ich es bis zur Briefkastenklappe. Ich stemmte sie auf und quetschte mich hindurch. Mithilfe des Steins, den ich fachmännisch einkeilte, hinderte ich die Klappe daran, wieder zuzufallen. Langsam und vorsichtig seilte ich mich an meinem Faden ins Innere des Briefkastens ab.

Bislang waren nur eine Handvoll Briefe und Postkarten

eingeworfen worden und ich hatte sie rasch durchsucht. Danach hieß es warten!

Im Dunkeln des Kastens verstrich die Zeit unglaublich langsam. Um mir die Warterei zu versüßen, begab ich mich auf eine ausgiebige Fantasiereise, die ich dann in echt unternehmen wollte, wenn wir unseren Gewinn endlich sicher in den Pfoten hätten. Aber es fiel mir schwer, mich darauf zu konzentrieren. Angespannt lauschte ich. Würde ich den Schurken hören, wenn er sich näherte? Die Antwort auf diese Frage lautete: NEIN. Denn plötzlich wurde eine Postkarte durch die geöffnete Klappe geschoben. Sie segelte auf mich herab und landete direkt zu meinen Füßen. Darauf stand:

Er war da! Der Lottoschurke musste genau in diesem Moment direkt vor dem Briefkasten stehen.

Hastig hangelte ich mich meinen Faden hinauf und spähte durch den offenen Briefschlitz.

Niemand war zu sehen.

Erst als ich den Kopf weit herausstreckte, entdeckte ich am Ende der Straße einen Mann mit großen Schritten davoneilen. Das musste er sein! Aber wer war er? Verflixte Kurzsichtigkeit!

In größter Eile nahm ich die Verfolgung auf. Doch als ich den Gehweg erreichte, hatte er bereits einen beachtlichen Vorsprung.

Meine Pfoten brannten auf dem Asphalt, so schnell rannte ich. Trotzdem holte ich ihn nicht ein. Als er in die nächste Straße verschwand, bekam ich es mit der Angst zu tun. Was, wenn ich ihn jetzt verlieren würde?

Ich legte noch einen Zahn zu. An der Kreuzung angekommen, sah ich gerade noch, wie er in einen Hof einbog. Es war das letzte Gebäude in der Straße, danach ging Ditzendorf in Felder und Wiesen über.

Keuchend erreichte ich die Einfahrt. Alles ruhig. Der Hof war von Beeten gesäumt, in denen weiße Blumen blühten. An seinem Ende führten drei Stufen zum Haus. Dort musste der Karteneinwerfer hineingegangen sein. Hatte er bemerkt, dass er verfolgt wurde? Lauerte er darauf, dass ich leichtsinnig in seinen Hof spazierte? Dann war ihm wohl nicht klar, mit welchem Vierbeiner er es zu tun hatte!

# Donnerstag
# MIT KÖTER, KATER UND KNARRE

Auf leisen Pfoten betrat ich das Nachbargrundstück und umrundete das Haus. Ein Holzzaun trennte die beiden Gärten. Auf der Suche nach einer Öffnung schlich ich daran entlang. Ich entdeckte ein kartoffelgroßes Loch, durch das ich den angrenzenden Garten gut im Blick hatte. Wobei »Garten« es nicht richtig traf. Zum einen war das Grundstück fast so groß wie Ellis Schulhof. Zum anderen blickte ich in eine riesige, frisch ausgehobene Erdgrube. Am Rand der Grube standen zwei kleine rotbraune Bagger.

Ich hörte, wie eine Tür geöffnet wurde. Gleich darauf nahm ich ein leises, metallisches Klirren wahr, das mir sehr vertraut vorkam. Wo hatte ich es schon mal gehört? Und dann sah ich, wer das Geräusch verursachte: Bruce! Die Hundemarke an seinem Halsband war für das Klirren verantwortlich. Gleich darauf erschien auch Herr von Ansberg im Garten.

Er warf einen faustgroßen Lederball und befahl Bruce: »Schnapp dir den Hamster, fass!«

Bruce sprintete los und ich stellte mich sofort tot. Arrgh! Schon wieder! Dabei hatte Herr von Ansberg mich nicht mal gesehen. Bruce stürmte nicht auf mich los, sondern jagte dem Ball nach. Doch als mir dämmerte, was das bedeutete, hätte ich mich am liebsten gleich wieder totgestellt. Der Ball, das sollte ich sein! Herr von Ansberg richtete Bruce darauf ab, mich zu fangen. Er war der Lottoschurke! Ausgerechnet der Mann, den ich wegen seines Reichtums von Anfang an als Verdächtigen ausgeschlossen hatte!

Ich war so wütend auf mich! Und zugleich bekam ich es mit der Angst zu tun. Mit Herrn Bartel wäre ich sicher leichter fertig geworden als mit diesen beiden. Bruce war so ... GROSS und Herr von Ansberg offensichtlich ein skrupelloser Oberschurke.

Als Bruce den Ball einholte und seine Zähne in das Leder schlug, pieselte ich mich um ein Haar voll. Aber ich beherrschte mich. Doch als er den Ball hin- und herschleuderte, verspürte ich zum dritten Mal das Bedürfnis, mich totzustellen. Tapfer kämpfte ich das Gefühl nieder und beobachtete weiter das Geschehen. Genau zu wissen, wie meine Erzfeinde vorgehen wollten, war wichtig, um zum Gegenschlag auszuholen.

Plötzlich hielt Bruce inne, reckte seinen Quadratschädel und schnüffelte. Konnte er mich riechen? Meine Angst? Hoffentlich nicht! Der Boxer knurrte bedrohlich.

Herr von Ansberg tätschelte ihm den Kopf. »Na, na, Bruce. Lass dich von dem schwarzen Teufel nicht ärgern. Wenn das Hotel erst mal gebaut ist, hat der nichts mehr zu lachen. Dann wimmelt es hier nur so vor Hunden.«

Schwarzer Teufel? Welcher schwarze Teufel?

Mit einem flauen Gefühl im Bauch drehte ich mich um. Während ich wie gebannt das Training meiner Abmurksung verfolgt hatte, hätte sich hinter mir eine Elefantenherde anschleichen können – völlig unbemerkt.

Aber außer Gras, Blumen und einer Eiche war nichts zu entdecken. Ein normaler Garten eben. Puh, Glück gehabt!

»Hier oben!«, rief eine vertraute Stimme.

Ich hob den Blick und entdeckte Baal. Der Kater saß auf einem Ast der Eiche und grinste zu mir herab. Hatte er mich die ganze Zeit über beobachtet? Er erhob sich, streckte sich und sprang mit einem anmutigen Satz zu mir herunter. Natürlich hätte ich das niemals laut gesagt, aber ich konnte nicht anders, als seine Eleganz zu bewundern. Direkt vor mir nahm er Platz und begann, sich die Pfoten zu lecken.

»Morgen könntest du an der Stelle des Balls sein«, raunte er. »Keine schöne Vorstellung, oder?«

Meine Angst machte mich angriffslustig.

»Du wusstest davon? Warum hast du es mir nicht einfach gesagt?«, schnauzte ich ihn an.

»Und seit wann traust du meinem Wort?«, fragte er zurück. »Du Klugscheißer hättest mir doch nie im Leben geglaubt! Nein, das musstest du schon selbst herausfinden.«

Damit lag er nicht falsch, das musste ich zugeben. Selbst nach seinem Tipp hatte ich angenommen, dass er den Verdacht nur von sich ablenken wollte. Sogar beschatten hatte ich ihn lassen. Dabei hatte er mir in Wirklichkeit geholfen! Ich sollte ihm dankbar sein. Doch er war immerhin Baal und ein KATER. Konnte ich jemals sicher sein, dass er nichts im Schilde führte?

»Aber warum hast du mir überhaupt geholfen?«

Er hörte auf, sich die Pfoten zu lecken, und sah mich mit seinen Bernsteinaugen an.

»Vielleicht will ich den cleversten Burschen im Dorf nicht tot sehen«, schlug er als Antwort vor. »Oder vielleicht, weil ich dir eine Zusammenarbeit vorschlagen möchte.«

»Eine Zusammenarbeit?«

»Ja, Teamwork. Wir schmieden einen Plan und helfen uns gegenseitig aus der Patsche.«

Jetzt wurde ich hellhörig. »Patsche? Sitzt du denn auch in einer?«

Baal seufzte. »Du willst wohl alles ganz genau wissen, was? Na schön, ich schätze, das ist nur fair. Lass uns ein paar Schritte gehen. Dabei erkläre ich dir alles. Und hör endlich auf, Gras zu fressen!«

Mist, schon wieder gehamstert. Gedankennotiz, die hundertste: Hamstern abgewöhnen!

Baal setzte sich in Bewegung und ich beeilte mich, mit ihm Schritt zu halten, was gar nicht so einfach war, weil seine Beine viel länger sind als meine.

»Falls es dir noch nicht aufgefallen ist«, sagte er, »ich wohne hier. Das ist mein Garten.«

Die Überraschung stand mir offensichtlich ins Gesicht geschrieben, denn er grinste breit. »Du solltest dein Gesicht sehen! Haben dir deine Taubenfreunde nicht gesagt, dass der Boxweltmeister und ich Nachbarn sind? Vielleicht suchst du dir beim nächsten Mal zuverlässigere Spione.«

Ich dachte daran, was Icke und Piet mir erzählt hatten. »Dann war Bruce der Hund, mit dem du gestern aneinandergeraten bist?«

Baal nickte verdrossen.

»Der blöde Köter jagt mich, sobald kein Mensch zusieht. Natürlich hat er keine Chance, mich zu erwischen. Lästig ist es trotzdem. Und bald wird es noch schlimmer. Ein Hundehotel gleich nebenan! Kannst du dir das vorstellen? Den ganzen Tag Gekläffe und Gewinsel. Und dann auch noch dieser ekelhafte Hundemief. Widerlich! Das ist mehr, als ein Kater ertragen kann.«

Ich nickte. Dass Baal das nicht wollte, leuchtete mir ein.

»Doch um das Hundehotel zu bauen«, fuhr er fort, »benötigt von Ansberg Geld. Mehr Geld, als er selbst hat. Und da kommt der krumme Typ da oben ins Spiel.« Baal deutete mit der Pfote zurück zu von Ansbergs Haus. »Siehst du ihn?«

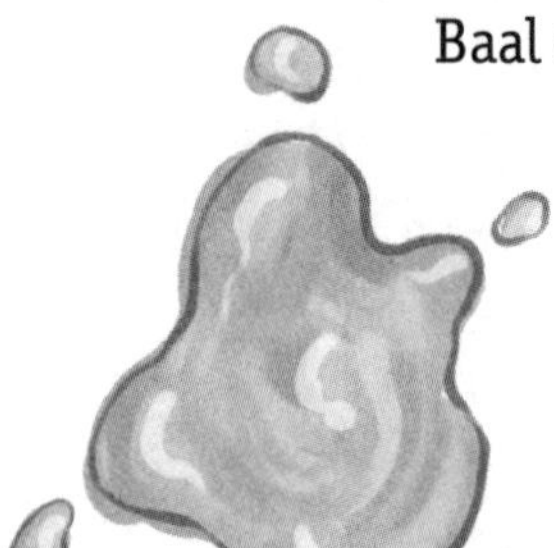

Ja, jetzt entdeckte ich den Mann auf dem Balkon auch – und ich erkannte ihn sofort! Es war der Fremde, der sich am Dienstag in »Babs' Lädchen«

als Vertreter ausgegeben hatte. Der Mann mit den seltsamen Haaren, nur dass die momentan nicht auf seinem Kopf saßen, sondern neben ihm auf der Brüstung lagen. Sein Kahlkopf glänzte im Sonnenschein genauso wie die Gläser seiner Brille. Als er sich eine Zigarre anzündete, stach mich Sekunden später der beißende Geruch von Rauch in die feine Hamsternase.

Ich hatte doch gleich gewusst, dass mit dem Typen etwas nicht stimmte! Und obwohl ich zuvor noch nie im Leben eine Knarre gesehen hatte, wusste ich, dass das Teil an seinem Gürtel kein Spielzeug war.

»Er ist letzten Samstag angekommen. Seither hockt er auf dem Balkon, raucht oder putzt seine Kanone. Er hat das Haus nur ein einziges Mal verlassen.«

»Da war er bei uns im Laden«, hauchte ich. »Aber wer ist dieser Kerl?«

»Von Ansberg hat Klaas erzählt, er sei ein Onkel seiner verstorbenen Mutter. Vielleicht stimmt das sogar. Auch Onkel können waschechte Gangster sein.«

»Und warum braucht von Ansberg unseren Lottogewinn? Er ist doch schon reich. MiuMiu schwärmt die ganze Zeit davon, wie sehr sie sich ein so reiches Herrchen wünschen würde.«

»Weil ihm seine fixe Idee mit dem Hundehotel völlig über den Kopf gewachsen ist. Der Trottel besteht darauf, von allem nur das Feinste zu kaufen. Damit er wirklich reichen

Leuten viel Geld dafür abknöpfen kann, dass ihre Lieblinge im Urlaub in Hundekörbchen aus Mahagoni schlafen und Gänseleber fressen. Irgendwann konnte er nicht mehr bezahlen. Also hat er Rauch-Glatze angerufen und sich Geld geliehen. Das war vermutlich die dümmste Idee in der Geschichte dummer Ideen.«

»Aber dann braucht er unseren Lottogewinn doch gar nicht mehr, oder?«

»Falsch. Mit dem Gangstergeld wollte er weiterhin einen auf Graf Protz machen, bis die Einnahmen sprudeln. Aber dann hat er sich mit Rauch-Glatze zerstritten und jetzt will der falsche Onkel die Kohle zurück.«

»Woher weißt du das alles?«

»Na, der gute Herr Papa will natürlich nicht, dass Klaas etwas mitbekommt. Also unterhalten sich die beiden Schlitzohren nur hier draußen. Dabei rauchen sie wie die Schornsteine und beschimpfen sich ganz unverblümt. Solange sitzt der Bengel in seinem Zimmer und glaubt immer noch, Papa könnte ihm die Welt kaufen.«

Ich musste an meine Wuscheline denken. »Das glaubt nicht nur Klaas. Das glaubt jeder.«

»Ja, die meiste Zeit sogar von Ansberg selbst.« Baal lachte trocken. »Aber von wegen! Letztens wurden sogar schon der Fernseher und die Musikanlage rausgetragen. Klaas stand auf der Straße und hat geheult, bis Papa ihm erklärt hat, das sei nur, um Platz für noch größere Modelle zu schaffen.«

Wir grinsten beide. Es fühlte sich überraschend gut an, mit Baal zu grinsen. Fast schade, dass er sofort wieder ernst wurde.

»Die paar Sachen können Rauch-Glatze sicher nicht lange vertrösten.«

»Was passiert, wenn Herr von Ansberg dem Gangster nicht alles zurückgeben kann?«

Baal zuckte mit den Schultern. »Na ja, er hat die Knarre sicher nicht nur dabei, um sie hier zu putzen.«

Ich dachte nach. Wenn Baal recht hatte, besaß Herr von Ansberg nichts mehr von Wert. Außer ... außer ...

»Das Haus!«, rief ich. »Bestimmt will er das Haus, wenn er sein Geld nicht bekommt.«

Baal nickte versonnen. »Möglich. Das wäre nicht die schlechteste Lösung.«

Gegen meinen Willen protestierte ich: »Wie kannst du das sagen? Dann sitzt Klaas mit seinem Papa auf der Straße.«

Baal schaute mich verblüfft an: »Und was kümmert dich das? Mir ist auf dem Restefest nicht entgangen, wie du den Kleinen angesehen hast. Du kannst ihn nicht ausstehen! Und der Alte würde Bruce auf dich hetzen, ohne mit der Wimper zu zucken.«

»Du willst wirklich, dass die beiden auf der Straße landen?!«

»Nein, aber noch weniger will ich ein Hundehotel nebenan. Außerdem hat der Kerl es nicht besser verdient. Überleg doch mal, was er Babs und Elli antut, wenn es dir schon egal zu sein scheint, dass Bruce dich bald zerfleischen wird.«

Damit hatte er nicht unrecht. Trotzdem zögerte ich.

»Wie sieht dein Plan aus?«, fragte ich.

Zum ersten Mal seit ich Baal kannte, sah er tatsächlich verlegen aus. Der Gesichtsausdruck gefiel mir.

»Das ist der Haken. Ich weiß zwar, was hier gespielt wird, aber mir fehlt die zündende Idee, um es zu verhindern. Ich wusste, dass du der richtige Partner für mich bist, als du den Lottoschein versteckt hast.«

»Und woher weißt du das?«, fragte ich.

»Meine Quellen bleiben geheim. Jedenfalls läuft morgen die Frist aus. Dann wird von Ansberg Bruce auf dich ansetzen. Du hast zwei Chancen: Entweder du stellst fest, dass du doch ganz gerne lebst und rückst den Schein heraus. Oder du bringst ein tierisches Opfer und trittst Bruce tapfer gegenüber. Dann musst du deiner Familie den Schein aber vorher geben, sonst stehen die beiden am Schluss ohne Hamster UND ohne Lottogewinn da. Und was tun sie, sobald sie ihn haben? Richtig, sie werden dich damit retten. Und dann? Wird euer Gewinn ebenfalls SEIN Gewinn und das Hundehotel wird gebaut. Aber noch hast du Zeit, dir einen Plan auszudenken, um von Ansberg ein für alle Mal in die Pfanne zu hauen.«

Baal sah mich erwartungsvoll an. Ich konnte nicht verhindern, dass ich mich geehrt fühlte. Der schlauste Kater der Stadt legte all sein Vertrauen in mich, den Hamster. Weil er wusste, dass ich der Klügere von uns beiden war. Das tat unendlich gut.

Ich nahm all meinen überlegenen Grips zusammen und dachte nach. Was Baal gesagt hatte, stimmte. Egal ob ich mich fürs Leben oder für den Tod entschied, Herr von Ansberg würde in letzter Sekunde gewinnen. Es sei denn, ich wäre beides gleichzeitig! Tot genug, um von Ansberg loszuwerden und lebendig genug, um meinen Lieben zu sagen, wie sie an den Gewinn kommen würden.

»Ich hab's!«, rief ich aufgeregt. »Wir müssen meinen Tod vortäuschen!«

# Donnerstag
# ELLIS ZWIEBELTRICK

Baal lächelte zufrieden. »Ich wusste doch, dass ich mit dir nicht auf den falschen Hamster setze.«

Doch gerade, als ich ihn in meinen genialen Plan einweihen wollte, entdeckte ich etwas Neues. Etwas Fürchterliches. Um genau zu sein, jemanden, der direkt auf Herrn von Ansbergs Haus zusteuerte. Diese beiden erkannte ich trotz Kurzsichtigkeit, denn es waren ELLI UND PATRICK MIT EINEM BOLLERWAGEN VOLLER ZWIEBELN.

Alles an diesem Anblick war falsch – vor allem, weil Elli und Patrick gerade in der Schule sein sollten.

Kurz fürchtete ich, meinen ultrascharfen Verstand zu verlieren. Gaukelte mein Hamsterhirn mir etwas vor? Meine Gedanken polterten so laut durch meinen Kopf, dass ich Baal erst wieder zuhörte, als er mich mit der Pfote anstupste.

»Wie lautet dein Plan denn nun?«

Hä? Das war doch jetzt vollkommen unwichtig. Wichtig war nur, dass Elli die Stufen zu Herrn von Ansbergs Haustür schon fast erreicht hatte. Was tat sie da nur? Mein Mädchen war in höchster Gefahr. Im Haus lauerte der Lottoschurke UND Rauch-Glatze mit seiner Knarre! Was, wenn die beiden entschieden, dass ich als Druckmittel nicht ausreichte und Elli kurzerhand als Geisel nahmen?

Ich flitzte los. Hinter mir hörte ich Baal leise fluchen. Anscheinend hatte er Elli auch entdeckt. Im nächsten Moment packten mich spitze Zähne im Nacken und ich wurde hochgerissen. Nicht schon wieder!

»Gu gist chu langsang«, nuschelte Baal, der mich gepackt hielt wie eine Katzenmutter ihr Junges. Absolut demütigend. Das war echt nicht mein Tag!

Baal sprintete am Zaun entlang. Ich schwang wild hin und her und bumste immer wieder gegen seine pelzige Brust. Wenn er nicht vorsichtig war, konnten wir es uns sparen, mein Ableben vorzutäuschen. Ein Haps und die ganze Angelegenheit wäre gegessen – im wahrsten Sinne des Wortes. Aber Baals Sorge schien ebenfalls Elli zu gelten.

Als wir den Vorgarten erreichten, ging der Zaun in eine niedrige Hecke über. Von hier aus konnten wir Elli und Patrick reden hören.

»Wir hätten doch Orangen nehmen sollen. Bis jetzt hat noch niemand eine einzige Zwiebel gekauft«, beschwerte sich Patrick.

Ellis Antwort klang recht ungehalten: »Aber Orangen gibt es im Juni nicht. Ich habe Abdi im Gemüseladen gefragt und er meinte, Zwiebeln werden immer gebraucht. Außerdem sind wir nicht hier, um Geld zu verdienen, sondern um den Lottoschein zu finden. Das Gemüse ist nur Tarnung.«

»Ja, ja, ich weiß. Aber es könnte auch nicht schaden, beides zu tun«, murmelte Patrick.

Elli ignorierte seinen Einwand. »Wir machen es genauso wie bei Frau Geist eben. Nur diesmal verwickelst du den von Ansberg in ein Gespräch und ich tue so, als müsste ich aufs Klo.«

Meine Ohren flatterten. Hatte ich gerade richtig gehört?

»Hoffentlich findest du den Lottoschein dieses Mal. Ich hab echt keine Lust mehr, den Leuten Zwiebeln für einen guten Zweck anzudrehen«, maulte Patrick. »Als du mich gefragt hast, ob ich mit dir Schule schwänzen will, hab ich mir das anders vorgestellt.«

Oh mein mutiges, mutiges, dummes Mädchen. Wie konnte sie sich nur so in Gefahr begeben? Für mich. Dabei war es doch meine Aufgabe, sie zu beschützen.

Baal preschte durch die Hecke. Blätter und Zweige peitschten mir entgegen, aber ich biss die Zähne zusammen.

»Nein!«, brüllte ich verzweifelt, als Elli ihre Hand nach dem Klingelknopf ausstreckte.

Dingdong.

Zu spät.

Oder doch nicht?

Mein Schrei hatte sie vielleicht nicht aufgehalten, aber unseren blätterraschelnden Ansturm überhörte sie nicht.

Elli drehte sich zu uns um. Panisch riss sie die Augen auf, als sie Baal entdeckte. »Lass Humboldt sofort los!«

»Hör bloß nicht auf sie!«, wies ich Baal an.

Der Kater schien zu verstehen, was ich damit bezweckte, und machte kehrt. Erneut donnerten wir durch die Hecke.

Das Geräusch der Schritte hinter uns verriet mir, dass mein Plan funktionierte und Elli unsere Verfolgung aufgenommen hatte.

Baal verfiel in einen langsamen Trab, damit Elli aufholen konnte. Im hinteren Garten, direkt neben dem Zaunloch, hielt er inne und ließ mich ins weiche Gras plumpsen. Allerdings verweilte ich dort nicht lange. Ich hatte mich noch nicht von dem ruckeligen Lauf erholt, da wurde ich schon wieder hochgenommen. Doch dieses Mal waren es keine spitzen Katerzähne, sondern Ellis Hände. Sie kniete im Gras und drückte mich an ihre Brust.

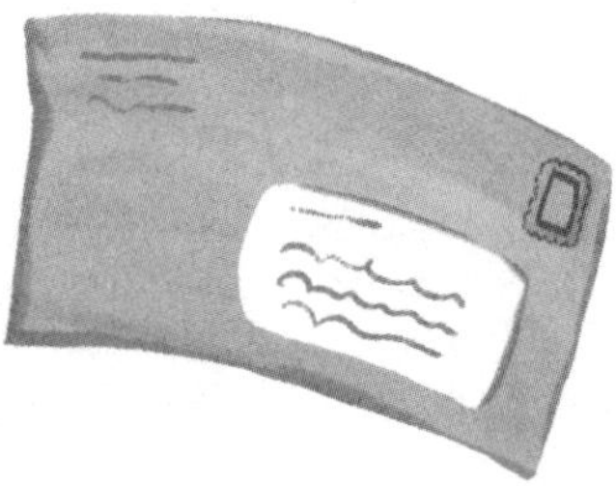

»Geht es dir gut? Alles heil?«

Das fragte gerade die Richtige! Elli hatte ja keine Ahnung, wovor wir sie gerade gerettet hatten. Typisch Mensch ...

Nachdem sie sich davon überzeugt hatte, dass ich an einem Stück und gesund war, schnauzte sie Baal an: »Was fällt dir ein, du räuberischer Fellsack?«

Oha, sie war richtig wütend. Um ihr deutlich zu machen, dass Baal und ich neue Freunde waren, befreite ich mich aus ihrem Griff. Sie versuchte, mich wieder zu packen, doch flink, wie ich war, flutschte ich ihr durch die Finger und kletterte Baal auf den Rücken. Ich tätschelte ihm den Hals. Baal schnurrte laut.

Meine Wuscheline staunte nicht schlecht. Nachdem geklärt war, dass sie Baal nicht auf der Stelle das Fell über die Ohren ziehen würde, schlüpfte ich durch das Loch im Zaun.

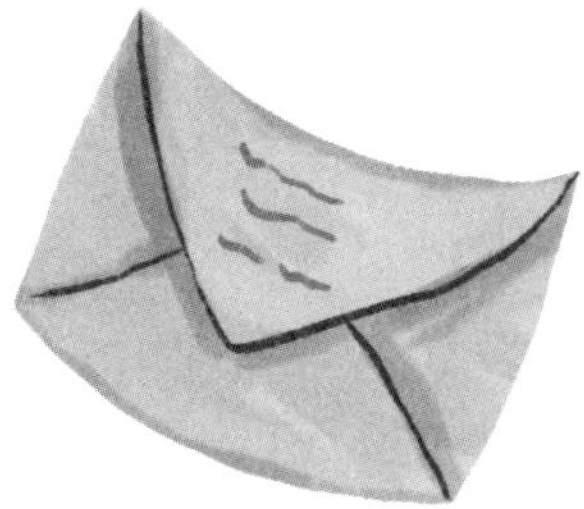

»Wo gehst du hin?«, fragten Baal und Elli wie aus einem Mund.

»Ich muss Elli zeigen, was hier los ist!«, rief ich durch das Loch zurück.

Wie erwartet, war Bruce Herrn von Ansberg ins Haus gefolgt. Der Garten war leer. Das heißt, bis auf einen kleinen braunen Ball, der in etwa so groß war wie ein Hamster und zahllose Bissspuren aufwies. Aber das war nicht alles. Was ich bei meinen Zaunbeobachtungen zuvor nicht bemerkt hatte, war, dass Herr von Ansberg mit einem dicken schwarzen Filzstift ein Gesicht auf den Ball gemalt hatte. Mein Gesicht. Komplett mit Barthaaren, Stupsschnauze und Nagerzähnen. Gruselig.

Mit einer Reihe Kopfnüsse schubste ich den Ball direkt vor das Loch, hinter dem nun Elli kauerte. Da der Ball nicht so gelenkig war wie ich, gelang es mir nicht, ihn durch das Loch zu bugsieren. Aber das war auch nicht nötig. Mein schlaues Mädchen hatte das Hamstergesicht erkannt und eins und eins zusammengezählt.

»Dieser Schuft!«, rief sie. »Also steckt Herr von Ansberg hinter den Postkarten!«, murmelte sie. »Oder etwa Klaas?«

Ich schüttelte den Kopf. Erstaunt sah Elli mich an. »Von Ansberg?«, vergewisserte sie sich und ich nickte.

Elli kam mir ihrem Gesicht ganz, ganz dicht an meins heran. Ihre Nase berührte fast meine Schnauze und ihre Augen wirkten aus dieser Entfernung riesengroß.

»Verstehst du mich?«, flüsterte sie.

»Hamsterchen«, ermahnte Baal mich, aber da nickte ich schon eifrig.

Baal stieß ein lautes Stöhnen aus und schlug sich die Pfote vors Gesicht. »Diese Mampfbacke treibt mich noch in den Wahnsinn!«

Jetzt war es raus. Das Geheimnis war gelüftet, ich hatte den Kodex der Tiere gebrochen. Besorgt wartete ich ab, wie sie reagieren würde.

Zunächst tat Elli gar nichts. Das machte mich nervös. Freute sie sich nicht? Nein, sie weinte sogar. Ach du Schreck! Aber dann lachte sie. Was war denn jetzt los? Hatte sie zu lange in der Sonne gestanden beim Zwiebelnverkaufen?

»Ich werd verrückt«, flüsterte sie und stieß ein Kicherschniefen aus. »Ich habe immer gewusst, dass du etwas ganz Besonderes bist, Humboldt.« Gleichzeitig lachend und weinend rief sie: »Mein bester Freund versteht mich wirklich! Das ist der Wahnsinn!«

Meine beste Freundin wusste es endlich! Wie herrlich! Von nun an konnte ich ihr viel besser Rat geben und in der Schule helfen und ... ach, so viele Möglichkeiten eröffneten sich uns!

Elli knuddelte mich, hielt inne und fragte: »Magst du das überhaupt?«

Was für eine Frage! Ich nickte wie ein Wackeldackel.

»So, ihr zwei Turteltäubchen«, mischte Baal sich ein.

»Können wir uns wieder dem Wesentlichen zuwenden? Ich warte immer noch auf deinen Masterplan.«

Elli, die sein Maunzen gehört hatte, war baff. »Verstehst du Baal auch?«

Nicken meinerseits.

»Und versteht er mich?«

Ich warf Baal einen Blick zu. Er verdrehte die Augen, seufzte, nickte dann aber.

»Das ist ja der Oberwahnsinn«, stieß Elli aus. »Sag bloß, ihr beiden ermittelt auch im Fall ›Vermisster Lottoschein?‹«

Baal schüttelte den Kopf, ich nickte.

Elli sah verwirrt von ihm zu mir. »Was soll das heißen? Weißt du etwa bereits, wer ihn hat?«

Irgendwo zwischen Stolz und Schuldbewusstsein legte ich mir die Pfote auf die Brust.

»Du?«, fragte Elli ungläubig. »Aber warum?«

Da ich nicht wusste, wie ich alles erklären sollte, schaute ich sie nur groß an.

»Elli?!« Das war Patrick.

Wir liefen ihm entgegen.

Patrick hielt einen Geldschein hoch: »Schau mal, was ich hier habe. Herr von Ansberg hat die halbe Ladung gekauft. 100 Zwiebeln! Ich glaube, er war supergenervt und wollte mich einfach nur loswerden«, berichtete er. Dann entdeckte er mich. »Was macht Humboldt denn hier?«

Elli war klug genug, mein Geheimnis nicht auszuplaudern.

Stattdessen hatte sie es plötzlich sehr eilig, sich von Patrick zu verabschieden.

»Lange Geschichte, Pats. Ich muss schnell weg, etwas überprüfen. Vielleicht ist der Fall gelöst. Morgen erzähle ich dir mehr, versprochen. Du kannst jetzt mit dem Zwiebelverkauf aufhören.«

»Aufhören? Jetzt, wo ich entdeckt habe, dass ich der geborene Geschäftsmann bin? Ich nerve einfach so lange, bis man mir etwas abkauft.« Stolz grinste er von einem Ohr zum anderen. Nachdem er Elli versichert hatte, dass sie jederzeit auf ihn zählen könne, polterte er mit seinem Zwiebelwagen weiter, begierig darauf, Geschäfte zu machen.

# Donnerstag
# EIN RISKANTER PLAN

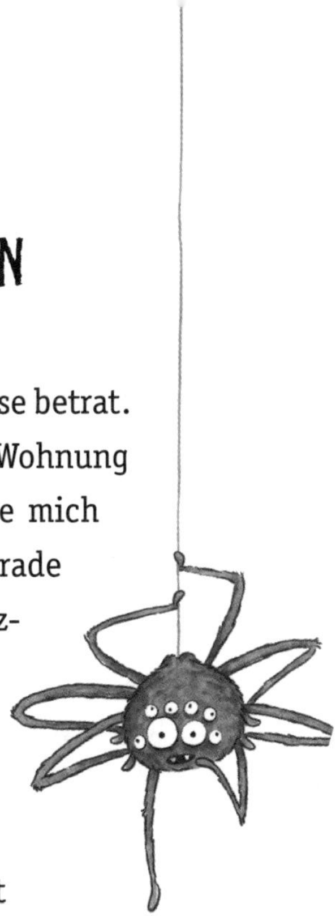

Es war das erste Mal, dass Baal mein Zuhause betrat. Ein seltsames Gefühl. Ich versuchte, die Wohnung mit seinen Augen zu sehen, und schämte mich ein bisschen, weil manches, na ja, nicht gerade schäbig, aber eben abgenutzt aussah. Plötzlich konnte ich sehr gut verstehen, wie es Elli mit diesem Schnösel Klaas erging. Aber Baal schien null Komma null zu interessieren, wie es bei uns aussah. Er sprang direkt auf Ellis Bett und thronte dort wie ein König.

»Hallo, Franz«, grüßte er freundlich, als er Achtauge auf einem Spinnennetz in der Ecke entdeckte.

Ich staunte nicht schlecht. »Ihr kennt euch?«

»Sicher«, gluckste Baal. »Eigentlich verrate ich meine Informanten nicht, aber hier mache ich mal eine Ausnahme.«

»Und du hast ihm alles brühwarm berichtet?«, fuhr ich Achtauge an. Ich fühlte mich betrogen und hintergangen. Nun war klar, woher der Kater gewusst hatte, dass in Wirklichkeit ich im Besitz des Lottoscheins war.

Baal grinste mich an. »Beschwert sich der, der mir eine Ladung Tauben auf den Hals gehetzt hat?«

Ich spürte, wie ich unter meinem Pelz rot anlief.

»Na ja, außerdem kann es sein, dass ich Franz anfangs den Eindruck vermittelt habe, ich würde ihn fressen, wenn er seinen Auftrag nicht erledigt. Aber inzwischen sind wir gute Freunde geworden – fast so wie wir beide.« Dabei zwinkerte er mir unverschämt zu.

»Er hat mich mit Leckereien versorgt«, ergänzte Franz. Und tatsächlich war aus dem ausgemergelten Spinnerich von letzter Woche inzwischen eine richtig fette Spinne geworden.

»Ich dich auch, du treuloser Furz«, schimpfte ich.

Immerhin hatte Achtauge den Anstand, ein wenig beschämt dreinzublicken. Oder vielleicht irrte ich mich auch und er war beleidigt. Spinnengesichter waren mir immer noch ein Rätsel.

»Das ist dann wohl mein Stichwort«, sagte Achtauge und krabbelte hinter den Schrank

Damit war das Thema erst einmal erledigt und wir wendeten uns einer Monsteraufgabe zu: Wie sollten wir Elli in alles einweihen? Baal hatte ich sekundenschnell klargemacht, was zu tun war. Doch bei Elli wurde es noch viel schwieriger als gedacht. Es war offensichtlich, warum sich Tiere normalerweise nicht damit belasten, mit Menschen zu kommunizieren. Sie sind so begriffsstutzig und dabei noch so überheblich. Als wären sie die Einzigen mit einem Gehirn.

Selbst für meine Wuscheline war es schwer zu verdauen, dass ich nicht nur lieb und niedlich, sondern auch hamsterschlau bin.

Zuerst versuchten wir es mit Pantomime. Aber trotz aller Bemühungen verstand Elli einfach nicht, was wir ihr zu sagen versuchten. Danach zeichneten Baal und ich ihr mit vereinten Kräften schließlich ein erklärendes Bild.

Während ich zusammen mit Baal die Skizze anfertigte, wurde mir heiß und kalt zugleich. Mein Plan war gut. Aber für mich leider auch brandgefährlich. Als wir fertig waren, musterte Baal mich prüfend.

»Bist du sicher, dass du dich traust?«, fragte er.

»Das bin ich.«

Er streckte mir die Pfote hin.

»Dann schlag ein, Partner.«

Mit einem coolen Lächeln spuckte ich auf meine Pfote und schlug ein. Erst dann schoben wir Elli unsere Skizze hin. Es folgte ein fast nicht enden wollendes Ja-nein-Frage-Antwort-Spiel. Am Schluss fühlte sich mein Nacken vom vielen Kopfnicken und -schütteln ganz ausgeleiert an. Doch dafür war Elli voll und ganz im Bilde. Na ja, zumindest fast. Es war einfach zu kompliziert, ihr auch noch Rauch-Glatzes Anwesenheit zu erklären. Für den Moment reichte es, ihr klarzumachen, dass der Erpresserschurke von Ansberg sich unseren Gewinn für den Bau seiner Hundehütte unter den Nagel reißen wollte. Und am allerwichtigsten: dass ICH einen genialen Plan hatte, um dies zu verhindern. Ich würde mich einfach von Baal fressen lassen.

Um Elli zu zeigen, wie ernst mir die Sache war, gab ich meinen letzten Trumpf auf: Ich holte den Lottoschein aus seinem Versteck hinter der Tapete und brachte ihn Elli. Zu meiner Verwunderung begann sie zu weinen. Menschen! Sie sollte sich doch freuen und nicht weinen.

»Das hast du für mich getan, nicht wahr?«, fragte sie. »Du wolltest nicht, dass ich für dich unseren Gewinn aufgebe. Du wunder-wunder-wunderbarer Freund!«

Ihre Worte machten mich stolz. Unter meinem Fell wurde mir ganz heiß.

Elli schloss mich in die Arme, küsste und herzte mich. Und ich? Machte mit – so wie sich das für einen wunder-wunder-wunderbaren Freund gehört.

»Oh bitte, das ist ja ekelhaft schnulzig. Ich lass mir gleich mein Mittagessen noch mal durch den Kopf gehen, wenn ihr nicht aufhört«, beschwerte sich Baal.

Sein Gemaunze veranlasste Elli, mich loszulassen. »Ich glaube, Baal will auch gekuschelt werden.«

Ehe der gequält dreinblickende Kater sich wehren konnte, umarmte Elli auch ihn. Als sie ihn wieder losließ, glaubte ich, für einen kurzen Moment ein Lächeln zwischen Baals Schnurrhaaren zu erkennen, aber er gab schnell vor, sich dringend putzen zu müssen.

Elli versank in Schweigen. Ich konnte förmlich sehen, wie es in ihrem Kopf ratterte. Sie schob die Gedanken von einer Ecke in die andere, drehte und wendete die Fakten.

»Euer Plan ist gut. So machen wir es. Aber er reicht nicht«, verkündete sie schließlich. »Zum Glück weiß ich schon, wie wir ihn aufpolieren können.«

Die kleinen Haare in meinem Nacken stellten sich senkrecht in die Höhe. Ich hatte ihr den Plan gerade e-r-k-l-ä-r-t. Er war perfekt durchdacht, immerhin kam er von mir! Dass sie etwas daran auszusetzen hatte, passte mir gar nicht.

Fragend legte ich den Kopf schief.

»Euer Plan hat kein Ende«, erklärte Elli. »Egal wie lange du dich in diesem Baumhaus versteckst, sobald du wieder auftauchst, bist du in Gefahr. Bruce kann dich jederzeit schnappen. Selbst wenn Mama und ich in der Zwischenzeit den Schein einlösen und unseren Gewinn abholen, bist du nicht sicher. Herr von Ansberg wird sich rächen wollen.«

Hm, damit hatte sie nicht unrecht. Freudestrahlend stupste Elli mich an: »Aber ich weiß, wie wir dich retten, Herrn von Ansberg bestrafen und auch noch etwas richtig, richtig Gutes mit unserem Lottogewinn anfangen. Noch besser als ein Bauernhof. Mama wird meine Idee auch toll finden, wo sie doch Tiere so liebt!«

Aha. Und wie sollte das funktionieren? Zu meinem Verdruss hatte Elli nicht den Anstand, uns aufzuklären. Sie hopste von ihrem Stuhl, sauste aus der Wohnung und polterte die Treppe hinab. Baal hinterher. Nur ich musste erst umständlich aus den Kissen kriechen. So hatte ich mir das nicht vorgestellt!

Als ich den Flur erreichte, kam Baal zurückgelaufen. »Na du lahme Ente, soll ich dich mitnehmen?«

»Oh, du spuckst ja ganz schön große Töne für jemanden, der auf Hilfe von einem Tier angewiesen ist, das nicht halb so groß ist wie er selbst. Denk dran, ohne mich bist du bald eine wandelnde Zielscheibe. Vielleicht kommt einer der Hotelhunde auf die Idee, dich als Zahnseide zu verwenden. Sei lieber nett zu mir.«

Baal grinste. »Reg dich ab, Nager. Los, steig auf!«

Ich tat es ohne weitere Widerrede und wir folgten Elli in den Laden.

Noch bevor wir die untere Stufe erreicht hatten, hörten

wir Babs' Begrüßung: »Warum bist du nicht in der Schule, junge Dame?«

Vor lauter Falllöserei hatte Elli vergessen, dass sie eigentlich gar nicht hier sein sollte. Einen Moment lang schien sie unschlüssig, was sie sagen sollte. Aber als sie antwortete, fiel mir ein Stein vom Herzen. Die alten Zeiten waren wieder eingekehrt und mit ihnen: die Wahrheit. Keine Geheimnisse mehr.

»Mama, ich hab's nicht ausgehalten in der Schule. Stattdessen habe ich Patrick überredet, mit mir loszuziehen und den Lottoschein aufzuspüren.«

Sie händigte Babs den Schein aus, die ihn mit zitternden Händen entgegennahm.

»Du hast ihn gefunden!«, jauchzte sie. »Wo war er?«

»In einer Ritze eingeklemmt«, murmelte Elli, was ja irgendwie auch stimmte.

»Was für ein Glück!«, jubelte Babs, die sich durch das plötzliche Auftauchen des Scheins in ihrer Theorie bestätigt sah, dass er bei uns zu Hause verloren gegangen war. »Gleich nach der Arbeit radle ich los und lege unseren Lottoschein in das Vogelhaus. Dann ist der ganze Spuk vorbei.«

WAAAAS???!!!

Babs schien mein erschrockenes Fiepsen völlig falsch zu deuten, denn sie bückte sich, um mich zu streicheln. Dabei bemerkte sie Baal und fragte: »Was macht denn der Kater hier?«

»Er kann ein tolles Kunststück, das uns helfen wird«, sagte Elli. »Wir müssen dem Erpresser gar nichts geben. Ich erkläre es dir, aber setz dich lieber hin, Mama.«

Hoffentlich erfuhr ich jetzt, wie Elli meinen Plan noch verbessern wollte. Babs' verwirrtes und gleichzeitig gespanntes Gesicht spiegelte meine Gefühle perfekt wider.

»Herr von Ansberg steckt hinter allem.«

So weit, so gut, das wusste ich schon. Babs hingegen blieb der Mund offen stehen. »Woher weißt du das?«

Panisch sah ich von Babs zu Elli. Meine Wuscheline würde mich doch jetzt nicht verraten, oder? Ich spürte Baals Blick auf mir. Wenn der Kodex der Tiere ein zweites Mal ausgeplaudert wurde, waren die Köttel wirklich am Dampfen!

»Das kann ich dir nicht sagen«, antwortete Elli. »Ich habe meinem Freund und Informanten versprochen, ihn nicht zu verraten. Bitte, du musst mir in dieser Sache einfach vertrauen, Mama.«

Puh!

»Glück gehabt, Kleiner«, raunzte Baal mir zu.

Babs sah Elli lange an. Sehr lange. Mein Mädchen trat nervös von einem Fuß auf den anderen. Auch ich, der Informant, konnte die Spannung kaum aushalten. Nur Baal wartete gelassen, bis Babs endlich nickte.

»Das tu ich doch immer.«

Jetzt strahlte Elli. »Gut, hier kommt mein Plan.«

Ich war ganz Ohr.

# Freitag
# DER LETZTE TAG

Der Tag der Entscheidung war gekommen. Egal ob die Sache gut oder schlecht ausging, auf jeden Fall würde sie ausgehen. Die Frage war nur, ob ich das Ende noch miterleben würde.

Unsere heutige Postkarte kannte ich ja bereits von meiner Stippvisite im Briefkasten. Umso überraschter war ich, als wir nicht nur eine, sondern gleich zwei Karten erhielten. Herr von Ansberg musste sie gestern noch eingeworfen haben, als wir schon weg gewesen waren. Dieser Umstand verriet mir, dass er mit seinen Nerven am Ende war. Er hielt das Warten nicht mehr aus und hatte seiner Ungeduld mit einer zweiten Karte Luft gemacht. Auf dieser stand:

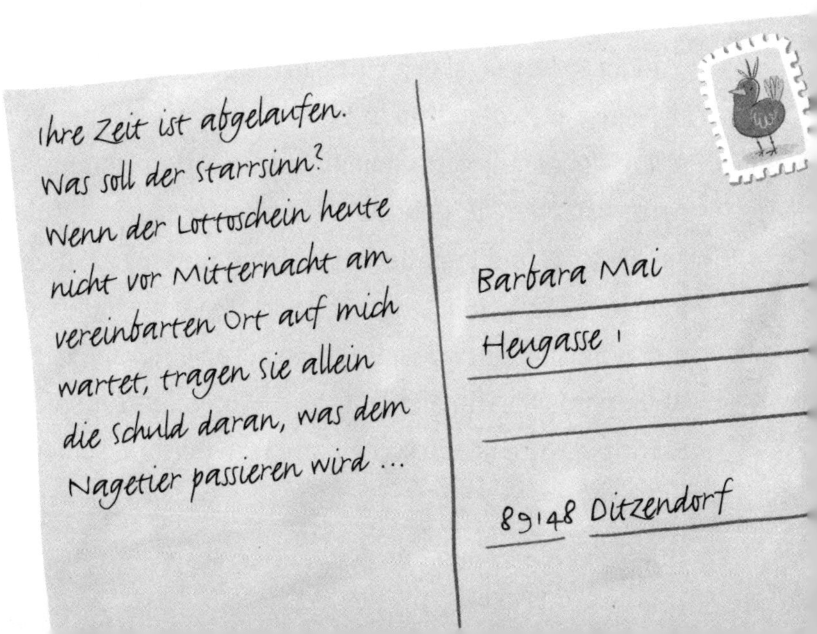

Wie gruselig! Ich erinnerte mich an Bruce, den Hamsterball und die vielen Löcher, die seine spitzen Zähne darin hinterlassen hatten. Nein, lieber nicht daran denken! Stattdessen ging ich unseren Plan noch einmal durch. Wenn alles gut ging, hätten wir Herrn von Ansberg schon bald in der Pfote ...

Und ich wäre tot. Na ja, zumindest vorübergehend.

Die Spannung stieg ins Unerträgliche. Ich fühlte mich wie eine lebendige Feuerwerksrakete, deren Lunte brannte. Jede Sekunde würde ich hochgehen. Aber ich war nicht der Einzige, der es kaum erwarten konnte, die Show hinter sich zu bringen. Elli, die für die Schule ausnahmsweise ein Entschuldigungsschreiben von Babs bekommen hatte, tigerte unruhig hin und her.

»Wann gehen wir endlich runter?«, fragte sie bestimmt schon zum fünften Mal.

Beim sechsten Mal lautete Babs' Antwort: »Jetzt.«

Nicht zu fassen, aber an diesem Morgen kamen wir PÜNKTLICH in den Laden. Und trotzdem waren die »frühen Vögel« schon vollzählig versammelt. Sie flatterten herein, kaum hatte Babs die Tür geöffnet. Herr Bartel, dem es sichtlich besser ging, und Frau Becker bildeten die Vorhut, dicht gefolgt von Herrn von Ansberg. Bruce Quadratschädel stapfte hinter ihm herein. Er sandte einen bösen Blick in Baals Richtung, der fast zeitgleich mit ihnen durch die Tür spazierte. Natürlich hatte der die angeleinte Frau Geist im Schlepptau.

»Ein putziger Anblick, der Kleine«, sagte Herr von Ansberg zu Babs und wies dabei auf mich. Ich saß auf meinem Lieblingsplatz zwischen den Teddybären.

»Ohne ihn würde dem Laden etwas fehlen«, fuhr er fort. »Und Ihrer Tochter sicher auch. Sie scheint sehr an dem kleinen Kerlchen zu hängen.«

Die versteckte Drohung war unüberhörbar, obwohl er mit derselben höflichen Stimme sprach wie immer. Nur dass sie mir heute mehr schleimig als freundlich erschien. Ganz bestimmt züchtete er Nacktschnecken auf seinen Stimmbändern.

Babs lächelte süß: »Die beiden sind einfach unzertrennlich. Man möchte sagen, sie haben eine UNBEZAHLBARE Freundschaft.«

Während Babs' Antwort behielt Herr von Ansberg seine liebenswürdige Miene bei. Er konnte jedoch die Zornesröte nicht verhindern, die von seinem Hals in sein Gesicht kroch und es in eine Tomate verwandelte.

In diesem Moment zwinkerte mir Baal zu. Unser verabredetes Zeichen! Es ging los. Ich hatte bereits gestern ein Häufchen der Damespielsteine bereitgelegt, die ich mir nun hektisch in die Backentaschen stopfte. Es war meine Aufgabe, einen glaubhaften Kampf zu beginnen.

Ich spuckte einen Spielstein nach dem anderen auf Baal. Es ging plopp-plopp-plopp-plopp. Als wäre ich eine Tennisballkanone, schoss ich die Steine auf Baals Hintern.

Wie nicht anders zu erwarten, fauchte der Kater laut. Ehe jemand etwas tun konnte, sprang er zu mir herauf. Obwohl die Attacke zu unserem Plan gehörte, hätte ich mich beinahe totgestellt. Aber ich hatte mich im Griff. Stattdessen wehrte ich mich wild, als er mich im Nacken packte, hochhob und schüttelte. Schließlich sollte es echt aussehen! Baal war vorsichtig, aber es genügte, um mich gleich doppelt unseren Plan verfluchen zu lassen. Mir wurde sofort schlecht. Ich bekam Panik. Was, wenn er mich versehentlich zu fest schüttelte? Mein Genick war so zart.

Im Laden brach ein Tumult aus. Der Obstschalenvorfall mit Bruce war nichts dagegen gewesen. Ich hörte Babs und Elli übertrieben laut plärren und auch Frau Geist befahl Baal aufzuhören. Aber am lautesten schrie Herr von Ansberg: »Hör auf, hör sofort auf, du schwarzer Teufel!«

Obwohl mein Kopf hin und her wackelte, sah ich, dass er auf uns zurannte.

Als Baal eine kleine Schüttelpause einlegte, raunte ich ihm keuchend zu: »Das genügt, Partner. Mach, dass wir hier wegkommen!«

Baal gehorchte. Ich ließ meinen Kopf schlaff hängen und tat das, was ich am besten konnte: Ich stellte mich tot.

Baal nahm Reißaus – mit mir in seinem Maul.

Ein Befehl, laut und deutlich, begleitete uns hinaus: »Fass! Hol dir den Kater!«

In Windeseile jagte Baal die Straßen entlang. Wir hatten damit gerechnet, dass Bruce uns verfolgen würde. Aber nicht damit, wie fix er war! Ich bekam es mit der Angst zu tun. Nicht mit einer einfachen Angst, wie wenn man einen Gruselkrimi im Fernseher sieht, sondern mit echter Todesangst. Die Welt vor meinen Augen wackelte und verschwamm zu einem Brei aus Straßen, Hauswänden, den Reifen parkender Autos und Baals schwarzem Fell. Dafür hörte ich Bruce umso deutlicher hinter uns keuchen. Jedes Mal, wenn seine massigen Pfoten aufsetzten, kratzten seine Krallen über den Asphalt.

Auch Baal schien zu bemerken, dass es knapp werden konnte. Er verließ die Straße und sprang über einen niedrigen Zaun in einen Garten. Bruce blieb uns dicht auf den Fersen.

Baal hechtete auf einen Baum. Endlich außer Reichweite! Ich dankte dem Großen Hamster im Himmel.

Baal spurtete einen dicken Ast entlang. Unter uns konnte ich Bruce erkennen, der uns auf dem Boden folgte. Am Ende des Astes sprang Baal mit einem großen Satz auf das nächstgelegene Hausdach.

In halsbrecherischer Geschwindigkeit setzte er unsere Flucht über die Dächer der Stadt fort. So gelang es uns, oder vielmehr Baal, Bruce abzuschütteln. Endlich verlangsamte er seinen Lauf. Ich war fast ohnmächtig, mir war flau im Magen und meine Birne fühlte sich an, als sei sie in

12.99

Anhänger
EITSCHRIFTEN

einen Mixer geraten. Nur noch Pampe. Schließlich tauchte zwischen den Ästen versteckt ein kleines Baumhaus auf. Baal kletterte hinein und setzte mich behutsam ab.

»Das war ... rasant«, keuchte ich und fühlte mich ganz grün um die Barthaare. »Meinst du, er hat uns abgenommen, dass du mich kaltgemacht hast?«

Auch an Baal war die Hetzjagd nicht spurlos vorübergegangen. Der sonst so lässige Kater war völlig außer Puste.

»Natürlich«, grinste er, als er wieder zu Atem gekommen war. »Ich mache keine halben Sachen!«

»Ich hätte nicht gedacht, dass Herr von Ansberg dir Bruce auf den Hals hetzt«, bemerkte ich.

»Es hätte mich gewundert, wenn nicht«, antwortete Baal unbeeindruckt. »Er musste doch versuchen, dich zurückzuholen.« Er hielt mir deine Pfote hin. »Jetzt hat er nichts mehr, womit er Babs erpressen kann. Klatsch ab!«

Ich glaube nicht, dass die Welt ein solches Bild jemals zuvor gesehen hat: Ein Kater und ein Hamster klatschten Pfote gegen Pfote. Zum ersten Mal dachte ich darüber nach, welches Risiko Baal für mich auf sich genommen hatte. Unvorstellbar, dass ich ihn je als Feind betrachtet hatte.

»Danke, dass du diese Gefahr auf dich genommen hast«, murmelte ich kleinlaut. »Ich stehe tief in deiner Schuld.«

»Oh ja, das tust du!« Er zwinkerte mir zu. »Mindestens bauchnabeltief.«

»Mein Bauchnabel oder deiner?«

Baal legte den Kopf schief. »Ich dachte da eher an den von Elli. Immerhin hab ich euch allen geholfen.«

Ich schluckte. »Das ist dann aber ganz schön tief.«

Der Kater stieß sein typisches Lachen aus. »Dafür finden wir bestimmt eine Lösung.«

Ich war froh, dass es ihn gab, und vielleicht war ich das ja schon immer gewesen.

Als Baal sich verabschiedete, fragte ich: »Was denkst du, wie lange es dauert, bis Babs Herrn von Ansberg weichgekocht hat?«

Trotz meiner Bemühung, tapfer zu klingen, tätschelte Baal mir nachsichtig den Kopf, was mich sofort fuchsig machte.

»Nicht lange, Kleiner. Er muss auf ihren Vorschlag eingehen. Hab keine Angst.«

»Ich habe keine Angst!«, brüllte ich ihm nach.

Aber da war er schon zwischen den dichten Blättern verschwunden.

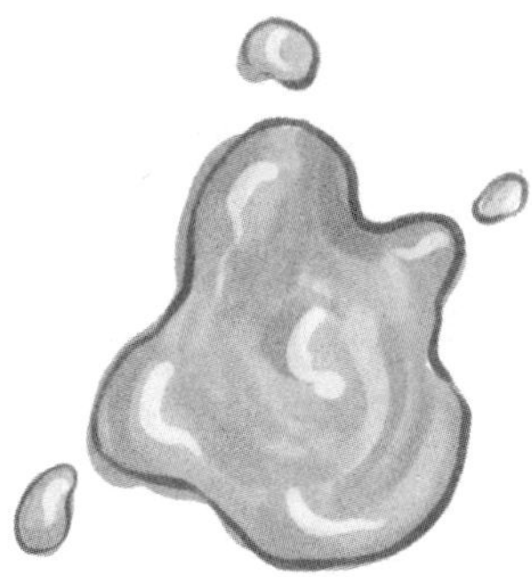

# Samstag
# KATZENFREUNDE GEGEN KILLERKATZEN

Die Nacht lärmte. Blätter raschelten, Insekten trippelten hinter, unter und über der Baumrinde umher. Andere Nachttiere riefen, piepsten und grunzten in den unmöglichsten Tonlagen. Obwohl ich keine Angst hatte so alleine im Baumhaus, bekam ich kaum ein Auge zu. Ich vermisste Ellis weiches Kopfkissen. Aber noch viel mehr vermisste ich meine Wuscheline und ihr leises, gleichmäßiges Atmen neben mir.

Um mich aufzumuntern, dachte ich an Herrn von Ansberg, der sicherlich eine noch unangenehmere Nacht verbrachte als ich. Er würde in seiner Angst vor Rauch-Glatze schmoren. Gut so.

Als im ersten Morgengrauen irgendein komischer Vogel anfing, sein schrecklich fröhliches Lied zu jodeln, war mein Geduldsfaden endgültig durchgeknabbert. Angriffslustig spähte ich aus dem Baumhaus. Wo steckte der Übeltäter?

»Ruhe da draußen, sonst komme ich und verknote dir deinen vorlauten Schnabel!«

Leider hatten meine Worte nicht die gewünschte Wirkung. Im Gegenteil, nun schmetterte er sein »Ziepelüdelü, ziepipelidipelidü« umso lauter in die Welt. Triezte mich der freche Kerl absichtlich oder war er einfach nur unverschämt heiter? Ausgerechnet an einem Tag wie heute?

Da ich nun ohnehin auf den Beinen war, beschloss ich, ein bisschen zu sporteln. In der letzten Woche hatte ich meinen Frühsport kläglich vernachlässigt. Zu Beginn musste ich mich noch zwingen, aber als ich beim Schattenboxen ankam, stellte ich mir vor, Bruce wäre mein Gegner und ich verpasste ihm einige saftige Schwinger auf die dümmliche Schnauze. Danach ging es mir besser und ich mümmelte von dem kleinen Keksvorrat, den Baal für mich angelegt hatte. Ein paar der Kekse rochen ein bisschen nach Thunfisch, aber das störte mich kaum.

Wenn ich nur wüsste, was da draußen vor sich ging! Die Neugier nagte an mir. Gerade als ich meinte, es nicht mehr aushalten zu können, sprang ein vierpfotiger Schatten ins Baumhaus. Baal! Endlich! Sicher konnte er mir berichten, was draußen vor sich ging.

»Guten Morgen, Mitbewohner!«

»Mitbewohner?«, fragte ich überrascht. »Seit wann das denn?«

»Seit jetzt. Ich ziehe hier ein.« Baal wich meinem Blick aus und wedelte ein paar Kekskrümel mit der Pfote beiseite. Erst als die Stelle makellos war, ließ er sich nieder. Was für eine Diva!

Ich war baff. Welchen Grund könnte er haben, sein Körbchen bei Frau Geist freiwillig aufzugeben, um hier mit mir zu hausen? Dieser Kater liebte seinen Menschen über alles, auch wenn er das niemals laut aussprechen würde. Was mich zu dem Schluss führte, dass sein Umzug eben nicht freiwillig war.

»Ärger im Paradies?«, fragte ich. »Hat sie deinen Mundgeruch nicht mehr ausgehalten?«

Baal ging über den Tiefschlag hinweg und seufzte tief. »Komm mit«, forderte er mich auf. »Es ist einfacher, wenn ich es dir zeige.«

»Aber mein Versteck! Sollte ich nicht lieber hier bleiben?«, protestierte ich.

»Mach dir nicht in den Pelz, Fellpopel. Es ist nicht weit und ich kenne geheime Wege. Momentan sollte man mich genauso wenig entdecken wie dich.«

Ich verstand nicht, was er damit meinte, beschloss aber, nicht nachzufragen.

Er kniete sich nieder und ich kletterte auf seinen Rücken. Jawohl, Baal erlaubte mir, auf ihm zu reiten! Und zwar ohne so ein Theater zu veranstalten wie MiuMiu.

Nach einem kurzen Ritt über Äste und Dächer hörte ich ein unheimliches Geräusch. Es klang wie das Summen eines Bienenstocks, von Zeit zu Zeit unterbrochen durch ein dumpfes Trompeten. Je weiter Baal ging, desto lauter wurde es.

Als wir das Dach von Frau Geists Haus erreicht hatten, machte Baal halt und ließ mich absteigen. Gemeinsam kauerten wir uns in die Regenrinne. Vorsichtig lugte ich über den Rand. Eine Gruppe Kinder hatte sich auf dem Gehweg vor dem Haus versammelt. Ich erkannte Patrick und Klaas und noch einige mehr aus Ellis Klasse. Sie hatten Fotos von mir ausgedruckt und an Frau Geists Zaun gehängt. Darunter lagen Blumen zwischen brennenden Kerzen. Das Bienenstockgeräusch entstand, weil sie gemeinsam ein trauriges Lied summten, das mir vage bekannt vorkam. Immer wieder schluchzten einzelne Kinder auf und Nasen wurden trompetend geschnäuzt. Manche von ihnen hielten selbst gebastelte Schilder in der Hand. Ich wurde Zeuge meiner eigenen Totenwache! Plötzlich hatte ich einen dicken Kloß im Hals. Ich war so gerührt.

»Ellis Freunde sind alle hier. Sogar Klaas. Dabei kann der mich doch gar nicht leiden!«

»Stimmt«, pflichtete Baal mir bei. »Patrick hat keine Sekunde gezögert, alle zusammenzutrommeln.« Nach einer kurzen Pause fügte er missmutig hinzu: »Und sie fordern Gerechtigkeit.«

Wie auf ein Stichwort rief nun ausgerechnet Klaas: »Maulkorbpflicht für Kampfkatzen!«

Baal zuckte neben mir zusammen, sein Fell sträubte sich.

»Katzenfreunde gegen Killerkatzen«, stimmte ein Mädchen ein. Und ein anderer Junge forderte: »Mörderkatzen hinter Gitter!«

Nun machte ich mir Sorgen. Nicht nur um Baal, dem ich genau ansah, dass die Rufe der Kinder nicht spurlos an ihm vorbeigingen. Auch um die arme Frau Geist, die völlig unschuldig in das ganze Theater hineingezogen wurde.

»Wie nimmt sie es auf?«, fragte ich Baal.

Der Kater wusste sofort, wen ich meinte.

»Schlecht. Die Gute kann mich nicht mehr ansehen, ohne in Tränen auszubrechen. Das ist der Grund, warum ich zu dir ins Baumhaus ziehen muss. Und weshalb ich mich gerade nicht auf der Straße blicken lassen sollte.«

Eine weise Entscheidung.

Ich bemerkte zwei Fahrräder, die in die Straße einbogen. Noch ehe ich die Gesichter der Fahrerinnen richtig erkennen konnte, wusste ich, um wen es sich handelte.

»Was machen DIE denn hier?«, flüsterte ich.

Meine beiden Mädels radelten bis zu der Mahnwache. Elli hielt an, stieg ab und steuerte auf ihre Freunde zu, von denen sie sofort umringt und umarmt wurde. Dann drückte Patrick auch ihr ein Schild in die Hand, auf dem »Kleiner Freund, du wirst für immer in meinem Herzen sein« zu lesen war.

Ich hätte heulen können, hätte ich nicht gewusst, dass alles nur Tarnung war. Meine liebe, kleine, wunderbare ... MOMENT! Was trieb Babs denn da? Sie gab Elli ein »Daumen nach oben«-Zeichen und radelte weiter. Zu Herrn von Ansbergs Haus!

»Was sollte das denn bitte werden?«, schimpfte ich. »Wie kann sie nur so leichtsinnig sein?«

»Entspann dich, Kleiner, du wusstest doch, dass sie mit ihm reden will«, raunte Baal.

Entgeistert starrte ich ihn an.

»Sag mal, hat dir jemand ins Hirn gefurzt? Reden, ja. Aber doch nicht HIER! Sie sollte sich mit ihm IRGENDWO treffen. Öffentlich. Mit Zeugen. Wozu schaut sie denn all diese Krimis im Fernsehen, wenn sie nichts daraus lernt?«

Ich zitterte vor Aufregung, aber Baal schien völlig unbeeindruckt.

»Du kennst doch deine Leute: Wenn der Hamster nicht da ist, flippen sie aus. Da ist jede Sekunde zu viel. War doch zu erwarten, dass sie die erstbeste Gelegenheit nutzt, mit ihm zu verhandeln.«

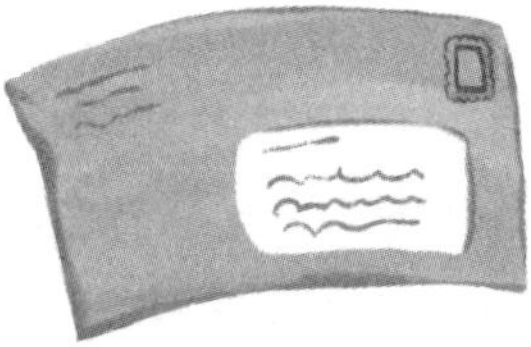

»So, das hast du Superhirn also erwartet? Und warum hast du dann nichts gesagt?«

Mir fiel ein, dass Babs nicht einmal wusste, dass es Rauch-Glatze überhaupt gab. Ach du dicke Möhre! Sie glaubte, sie würde nur einem verzweifelten Herrn von Ansberg gegenübertreten

Panisch beobachtete ich, wie Babs in den blumengesäumten Hof einbog. Sie stellte ihr Fahrrad ab, hängte den Helm an den Lenker und stieg mit großen, entschlossenen Schritten die Stufen zum Haus hinauf. Als sie die Hand nach der Klingel ausstreckte, wollte ich schreien. Irgendetwas, um sie aufzuhalten! Aber Baal hielt mir die Pfote vor die Schnauze.

»Nicht!«, knurrte der Kater. »Oder hast du etwa schon vergessen, dass du tot bist?«

Ich versuchte, ihn abzuschütteln, aber er war stärker.

»Unser Plan war völlig für die Katz, wenn du dich jetzt zeigst«, warnte er mich. Selbst als ich ihn kräftig in die Pfote biss, ließ er nicht los.

»Ich will dir nur helfen, Kumpel«, raunte er.

Oh, ich wollte ihm die Augen auskratzen und die Ohren zerfleddern. Wie konnte er es wagen, mich festzuhalten?

In dem Moment öffnete ein ungekämmter, schmuddelig wirkender Herr von Ansberg die Tür. Babs und er redeten kurz, dann trat er zurück und machte eine einladende Geste. Doch bevor Babs dieser folgte, drehte sie sich in Richtung der Kinder und rief sehr, sehr laut:

»Elli-Schatz, falls du mich brauchst, ich bin kurz bei Herrn von Ansberg. Gib doch Frau Geist Bescheid, dass ich sie in einer Viertelstunde besuche. Falls ich mich verspäte, kann sie mich ja holen. Ich lasse die Tür offen.«

Dann trat sie ein und verschwand im Haus.

Baal gab mich frei. »Keine Sorge, ihr wird schon nichts passieren. Die Kinder wissen, wo sie ist.«

»Sag mal, kapierst du es nicht? Hast du plötzlich nur noch Thunfisch im Kopf? Wie leicht könnte ihr dadrin ein ›Unfall‹ zustoßen. Du glaubst doch nicht, dass Rauch-Glatze sich von ein paar Kindern abschrecken lässt? Und Frau Geist als Rettungsleine? Das ist ja wohl ein Witz. Wenn Bruce einmal knurrt, hängt sie heulend vor Angst am Kronleuchter.«

Jetzt wirkte Baal doch verunsichert. »Hm, so gesehen ... Vielleicht sollte ich zu Elli, damit sie ihre Mutter ...«

»Keine Zeit«, schnitt ich ihm das Wort ab, drehte mich um und jagte die Regenrinne lang. »Ich hab eine bessere Idee.«

Ich hegte keinerlei Zweifel: Der Einzige, der Babs jetzt noch beistehen konnte, war ich!

# Samstag
# VORSICHT, BABS!

Vor dem dunklen Loch am Ende der Regenrinne kam ich schlitternd zum Stehen.

»Bist du lebensmüde, Hamsterchen?«, rief Baal mir nach.

Ich ignorierte ihn – alles, was jetzt noch zählte, war meine Mission. Vorsichtig lugte ich über den Rand der Rinne. Ausnahmsweise meinte der Zufall es gut mit mir. Das Fallrohr schien nicht mehr erneuert worden zu sein, seit das Haus gebaut worden war. Es wirkte geradezu vorsintflutlich. Vor allem ging es nicht steil nach unten, sondern stand von der Hauswand ab und lief daher sehr, sehr schief. Ich würde nicht in den Tod stürzen, wenn ich mich hineinwagte. Beim Gedanken an meine letzte Rutschpartie und das anschließende Rumgehopse auf der Markise wurde mir ganz elend. Trotzdem gab ich mir einen Ruck und sprang in das gruselige Dunkel.

Ich rutschte nicht, ich donnerte in atemberaubender Geschwindigkeit das enge Rohr hinunter. Unten schoss ich wie eine Kanonenkugel aus der Öffnung. Zum Glück hatte Frau Geist schon länger ihren Rasen nicht gemäht und so landete ich zwar unsanft, aber nicht schmerzhaft im weichen Gras. Sofort rappelte ich mich auf und hetzte weiter. Ich musste zu Babs!

Als ich durch die Hecken zwischen Frau Geists Vorgarten und Herrn von Ansbergs Hof preschte, hörte ich Baal vom Dach aus rufen: »Humboldt, warte auf mich!«

Hatte er mich gerade wirklich bei meinem Namen genannt? Ich war so verdattert, dass ich stehen blieb, um zu Baal hinaufzuschauen. Aber der Kater war schon nicht mehr zu sehen. Ich schüttelte mich und flitzte weiter.

Baal musste einen anderen Weg vom Dach gefunden haben, denn just als ich durch die offene Haustür huschte, holte Baal mich ein. Wow, wollte er mir etwa beistehen?

Babs' Stimme drang aus dem Raum am Ende des Flurs zu uns. Baal eilte voraus. Ich gab Gas, um ihm auf den Fersen zu bleiben ... und wäre beinahe von Rauch-Glatze zertreten worden. Der Typ kam gerade die Treppe herunter.

In letzter Sekunde hechtete ich hinter ein Paar Rollschuhe, das neben einem Regenschirm vor der Garderobe stand. Rauch-Glatze lief langsam, bedacht darauf, kein Geräusch zu verursachen. Das und die Knarre in seiner Hand ließen mich nichts Gutes ahnen. Der Kerl durfte Babs auf keinen Fall zu nahe kommen!

Ein Geistesblitz durchfuhr mich von den Ohren bis in die Bartspitzen: Mit aller Kraft schubste ich Klaas' Rollschuhe vor die letzte Stufe. Gerade noch rechtzeitig und mit überragender Genauigkeit. Rauch-Glatze latschte mit seinen Plattfüßen direkt darauf. Die Rollschuhe taten, was sie tun sollten: Sie rollten.

Rauch-Glatze schwankte und ruderte wie wild mit den Armen. Für einen erstaunlich langen Moment schien die Zeit stehen zu bleiben. Dann drehte der Gangster eine wilde Pirouette. So viel Anmut hatte ich ihm gar nicht zugetraut. Einmal, zweimal, dreimal um die eigene Achse. Schließlich plumpste er stöhnend auf seinen Allerwertesten. Dabei fiel ihm seine Knarre aus der Hand. Das gruselige Ding schlidderte mir direkt vor die Pfoten. Rasch stieß ich den Schirm an, der umkippte und die Knarre unter sich verbarg.

Ich huschte hinter ein Paar Turnschuhe und sah den Flur entlang. Hätten Babs und Herr von Ansberg meine Hamsterhorcher, hätten sie Rauch-Glatzes Bruchlandung sicherlich mitbekommen. Aber so blieb alles still – bis auf ein leises Murmeln.

Der Gangster kroch inzwischen auf den Knien umher. Anscheinend suchte er seine Waffe. Und wie es aussah, war er noch kurzsichtiger als ein Hamster. Seine Brille lag seitlich hinter ihm auf dem Boden. Zerbrochen.

Ich wusste, dass der Kampf, der mir nun bevorstand, fast aussichtslos war. Wäre Rauch-Glatze nur ein Schatten, hätte er gegen meine Boxkünste nicht den Hauch einer Chance! So musste ich meinen ganzen Mut zusammenhamstern. Doch nichts konnte mich aufhalten, wenn es galt, meine Mädels zu beschützen!

»Auf geht's, Humboldt, in der Größe liegt die Kraft. Du schaffst das!«

Dann stürzte ich mich auf Rauch-Glatze, der immer noch am Boden lag. Flink schlüpfte ich in sein Hosenbein. Mein Ziel war es, ihn mit ein paar kräftigen Bissen in die Kehrseite zu traktieren. Kaum dass ich mich an seinem Knöchel festgekrallt hatte, stieß Rauch-Glatze ein erschrockenes Quieken aus. Kein Hamsterquieken, eher so rattenmäßig. Ich ließ mich nicht beirren und kletterte weiter hinauf.

Rauch-Glatze begann, sein Bein wie wild zu schütteln. Ein Hamster in der Unterhose kann den gefährlichsten Gangster aus dem Konzept bringen. Zumindest genug, um ihn für eine Weile von seiner Waffe abzulenken. Doch so wie er sich aufführte, würde ich es nicht bis dorthin schaffen.

In meiner Not biss ich zu, wo ich war. Auf der Innenseite seiner Oberschenkel. Er gab ein erschrockenes »Uhhh« von sich und fuhr auf. Ich hörte ein dumpfes »Doing«, wie wenn Holz auf Holz trifft. Und dann wich sämtlicher Kampfgeist aus Rauch-Glatze. Er sackte in sich zusammen und blieb ganz still liegen. Ich kletterte aus seinem Hosenbein, um nachzusehen, was passiert war, und musste grinsen. Rauch-Glatze lag – alle viere von sich gestreckt – bewusstlos auf dem Boden.

Mein todesmutiger Hamsterbiss musste ihn so erschreckt haben, dass er sich schwungvoll aufgerichtet hatte. Dabei hatte er seine Rübe wohl mächtig an das unterste Regalbrett der Garderobe gehauen. Nun lag er still vor mir wie in einem friedlichen Schlummer.

Ich trat an ihn heran und stupste ihm gegen die Schläfe. Er rührte sich nicht. Dann tapste ich ganz nah an sein Ohr und flüsterte: »Leg dich nie wieder mit einem Humboldt an, du Ratte!«

Hoffentlich stieß ich jetzt nicht auch noch auf Bruce!

Die Tür, hinter der Babs und Herr von Ansberg redeten, war ebenfalls nur angelehnt, sodass ich ganz leicht hindurchschlüpfen konnte.

Das Wohnzimmer dahinter war mit einem dicken Teppich ausgelegt. Ich sah mich nach einer Versteckmöglichkeit um, entdeckte aber nur wenige Möbel. Wahrscheinlich lag das daran, dass Herr von Ansberg in seiner Geldnot seine halbe Einrichtung verhökert hatte. Kein Wunder, dass Babs und er mitten im Raum standen. Ansonsten hätten sie sich zu zweit einen Sessel teilen müssen.

Auf einem eleganten Tischchen, das hinter Herrn von Ansberg stand, thronte ein müffelnder Aschenbecher und eine leere Weinflasche. Still und leise kletterte ich die geschnitzten Ranken des Tischbeins nach oben und hockte mich hinter die Flasche. Kein ideales Versteck, aber auf die Schnelle entdeckte ich kein besseres.

Baal hatte mich wieder einmal übertroffen und thronte längst auf dem einzigen hohen Schrank im Raum. Von dort oben hatte er eine prima Rundumsicht, während ich durch das grüne Glas der Flasche alles eher verschwommen wahrnahm. Doch selbst durch diese grüne Brille erkannte ich, dass Herr von Ansberg fix und fertig wirkte. Er schien in seinen Kleidern geschlafen zu haben. Jedenfalls waren sie völlig zerknautscht. Seine Haare waren nicht nur ungekämmt, sondern standen regelrecht zu Berge. Außerdem war er unrasiert. Dunkelgrüne Stoppeln sprenkelten sein grünes Gesicht. Ich konnte nicht unterscheiden, ob der Wein- und Rauchgestank nur aus der Flasche und dem Aschenbecher strömte oder ob er auch von dem Schurken ausging. Der alles überlagernde Mief nach ungewaschener Angst kam aber definitiv von ihm.

»Sie sind selbst schuld an alledem!« Herr von Ansberg ballte die Hände zu Fäusten, seine Schultern bebten. »Ihr

bodenloser Geiz hat mich gezwungen, zu solch drastischen Mitteln zu greifen. Hätten Sie in mein Hundehotel investiert, als ich es Ihnen angeboten habe, wäre all das nicht nötig gewesen. Gemeinsam hätten wir etwas Großes schaffen könn–«

»Das können wir immer noch«, fiel Babs ihm ins Wort. »Sogar etwas noch Besseres. Deshalb bin ich hier.«

»Ach ja?«, fragte Herr von Ansberg, plötzlich ganz Ohr. Seine verkrampften Hände lockerten sich und Hoffnung trat in seinen Blick. In diesem Moment schlenderte Bruce durch die leicht geöffnete Verandatür. Als er Babs sah, blieb er stehen. Offensichtlich hatte er keinen Besuch erwartet und schon gar nicht SIE.

Als der Boxer seine Schnauze in die Luft streckte und schnüffelte, rutschte mein Herz in meinen Pelz. Konnte der Köter mich riechen? Aber offensichtlich glaubte er, Babs hätte den Geruch nach Hamster mitgebracht, denn er blieb, wo er war.

Herr von Ansbergs hoffnungsvoller Tonfall machte Babs scheinbar Mut, denn ihre Stimme klang forsch, als sie weitersprach: »Was Sie mir angeboten haben, ist unnötig und albern.«

Oh nein, Babs! Warum muss diese Frau immer so aufrichtig sein? Die erste Regel schlauer Gesprächsführung lautet: Wenn du jemand überzeugen willst, darfst du ihn nicht beleidigen. Das weiß doch jeder!

Prompt wirkte Herr von Ansberg wieder wütend.

»Albern! Ist das so?«, fragte er scharf. Er trat ein paar Schritte nach vorn, direkt zu dem Tischchen, auf dem ich kauerte, und griff nach der Weinflasche. Plötzlich saß ich ohne Deckung da.

Zum Glück versperrte sein Körper Bruce und Babs die Sicht auf mich. Und er selbst? Schaute mich nicht an. Stattdessen wog er die Flasche nachdenklich in seinen Händen. Überlegte er, sie Babs über den Schädel zu ziehen? Nicht, solange ich im Haus war! Gerade wollte ich mich ihm mit geballter Hamsterkraft entgegenwerfen, als er die Flasche an die blassen Lippen setzte und den abgestandenen Bodensatz mit zwei großen Schlucken austrank. Igitt, wie widerlich! Ein rotes Rinnsal lief ihm seitlich übers Kinn, aber nicht einmal das schien ihn zu stören.

Er erstarrte in der Bewegung, als Babs zu seinem Rücken sagte: »Ich möchte Ihnen meinerseits ein Angebot machen, das Ihre Probleme lösen könnte.«

Heftig knallte er die Flasche zurück auf den Tisch. Nur meine blitzschnelle Reaktionsfähigkeit rettete mich davor, zerschmettert zu werden.

»Ja?« Herr von Ansberg fuhr zu Babs herum.

»Ja«, versicherte Babs. »Wir brauchen keinen Ort, an dem verhätschelte Schoßtiere ihre verwöhnten Popos auf seidene Laken betten.«

»Und was brauchen wir Ihrer Meinung nach?«

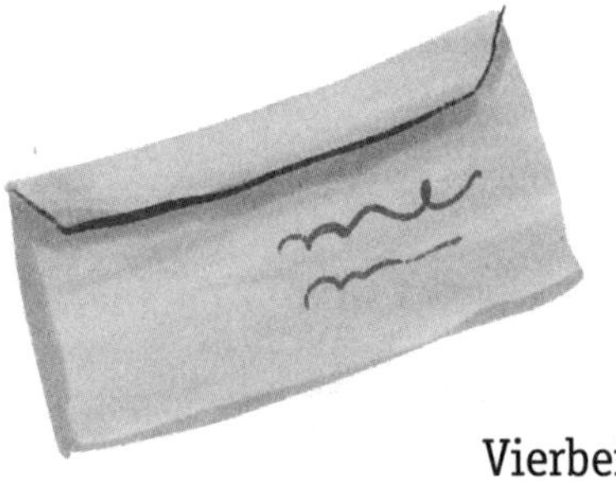

»Einen Ort für Tiere in Not. Ausgesetzte Hunde und Katzen, geschundene Esel, ungeliebte und vernachlässigte Vierbeiner. All die unzähligen, armen Kreaturen, die in ihrem Leben wenig Liebe erfahren haben.«

»Ein Tierasyl?«, fragte Herr von Ansberg mit deutlich angewidertem Unterton.

»Ein liebevolles Zuhause für Heimatlose«, erwiderte Babs.

»Aber damit lässt sich kein Geld verdienen!«

»Nun, ich würde mein Geld sehr gerne in einen solchen Ort investieren. Deshalb bin ich bereit, Ihnen Ihr Haus abzukaufen. Natürlich vermiete ich es Ihnen gerne. Mit dem Geld können Sie Ihre Schulden bezahlen. Und was den Bau betrifft: Sie haben ja schon einiges für das geplante Hotel angeschafft. Das können wir sicher verwenden. Den Rest für das Tierasyl übernehme ich. Und dann gründen wir einen Tierschutzverein, sodass ganz Ditzendorf mitmachen kann. Aber wenn Sie lieber alles verlieren und auf der Straße landen wollen ...?«

Das war MEIN Mädchen! Wow!

Es folgte eine lange Zeit des Schweigens, in der sich Herr von Ansberg die Idee anscheinend durch den Kopf gehen ließ. Würde er auf das Angebot eingehen? Die Stille dauerte so lange, dass ich es nicht mehr aushielt und neugierig hinter meiner Flasche hervorlinste.

Im nächsten Moment hörte ich ein bedrohliches Knurren.

# Samstag
# IM WALDE VON TOULOUSE

Es war ein fataler Fehler, mich aus meiner Deckung zu wagen. Bruce entdeckte mich beinahe sofort. Verdutzt starrte er mich, den von den Toten auferstandenen Hamster, an.

Ich nutzte den Augenblick und kletterte vom Tisch. So schnell mich meine Pfoten trugen, fegte ich über den Teppich. Mir war klar, dass er mich rasch einholen würde. Ich brauchte ein Versteck! Aber vorher musste ich hier raus. Herr von Ansberg durfte mich nicht entdecken. Auf keinen Fall sollte er wissen, dass ich noch lebte. Sonst würde ich erneut als Spielball in seiner erpresserischen Schurkerei enden.

Plötzlich tauchte Baal neben mir auf. Er musste meine Notlage beobachtet haben und war mir zu Hilfe geeilt.

»Spring auf«, schnaufte er.

Hinter mir stieß Bruce ein kampflustiges Knurren aus, als ich auf Baal zuhechtete. Ich krallte mich in Baals Fell und klammerte mich mit aller Kraft fest. Mühsam zog ich mich hoch. Stück für Stück, bis ich keuchend auf seinem Rücken lag.

Eine halsbrecherische Jagd nahm ihren Lauf. Ich auf Baal, Bruce dicht hinter uns. Die Pfoten des Katers berührten kaum den Boden, als er mich in Windeseile aus dem Haus trug. In großen Sprüngen flogen wir dahin. Aber, oh nein, er steuerte geradewegs auf Elli und ihre Freunde zu. Bruce folgte uns, geifernd und keuchend.

Als die Kinder uns entdeckten, fingen sie laut an zu kreischen. Unklar blieb, ob es daran lag, dass ein toter Hamster unter die Lebenden zurückgekehrt war und nun auf seinem vermeintlichen Mörder ritt, oder daran, dass Bruce uns auf den Fersen war, das Gesicht zu einer monströsen Fratze verzerrt.

Ein paar der Kinder nahmen schreiend Reißaus. Eindeutig die Klügeren der Truppe. Der Rest hob drohend die Schilder, allen voran mein Mädchen. Das waren die Mutigeren!

Großer Hamster im Himmel, wir durften Elli nicht in Gefahr bringen! Ich kämpfte mich vor zu Baals Kopf und zog ihn kräftig an seinem linken Ohr. Dabei rief ich: »Da rüber! Weg von Elli!«

Baal grunzte vor Anstrengung, folgte aber meiner Anweisung. Er hechtete mit einem Sprung über die niedrige Hecke und durchquerte Frau Geists Vorgärtchen. An dem lauten Knacken hinter uns hörte ich, dass Bruce einfach durch die Hecke hindurchwalzte und alles, was ihm in die Quere kam, plattmachte.

Mit Höchstgeschwindigkeit preschte Baal auf die Katzenklappe zu. Ich duckte mich, drückte meine Schnauze dicht an Baals Fell, damit die Klappe mich nicht von seinem

Rücken wischen konnte. Im nächsten Augenblick waren wir schon hindurch und landeten in einem Flur.

Gleich darauf vernahmen wir einen lauten Knall. Die Tür hinter uns bebte, als hätte sich jemand mit voller Wucht dagegengeworfen. Danach war alles still. Ich glitt von Baals Rücken. Keuchend sahen wir uns an.

»Du siehst nach!«, riefen wir wie aus einem Mund.

»Nein du!« Wieder gleichzeitig – und dieses Mal deuteten wir auch noch beide mit der Pfote auf den anderen.

»Ich hab gerade dein Leben gerettet«, sagte Baal und ließ seine Pfote sinken. »Schon wieder!«

Zugegeben, das war ein unschlagbares Argument. Widerstrebend fasste ich mir ein Herz und lugte vorsichtig durch die Katzenklappe. Direkt davor lag ein riesiger Fellberg. Man brauchte keine besonders gute Kombinationsgabe, um zu kapieren, dass es sich um Bruce handelte. Bei dem Versuch, uns zu schnappen, musste er mit seinem dicken Schädel gegen die Tür geprallt sein. Genau wie Rauch-Glatze hatte auch Bruce sich selbst ausgeknockt. Die beiden wären bestimmt ein super Team!

Ich weiß nicht genau, was mich dazu trieb, vielleicht war es die ganze aufgestaute Angst der letzten Tage. Jedenfalls hopste ich hinaus, baute mich direkt vor dem Hundekopf mit den beeindruckenden Zähnen auf und verpasste ihm einen ordentlichen Schwinger gegen die Schnauze. »Nimm das, du Halunke!«

Und dann gingen zwei Türen gleichzeitig auf. Die eine war die direkt hinter mir. Frau Geist warf einen Blick auf mich, den untoten Hamster, und kreischte los.

Die andere Tür war die von nebenan. Rauch-Glatze trat heraus. Allerdings nicht mit seiner ehrlichen Glatze, sondern mit der grässlichen Perücke, die er auch bei seinem Besuch in unserem Laden getragen hatte. Bestimmt wollte er damit seine Beule verdecken. Er hielt sich den Kopf, der sicherlich dröhnte, und durchquerte hinkend den Hof. An dessen Ende stieg er in ein geparktes Auto ein. Es war schwarz wie seine Seele.

Als Herr von Ansberg im Türrahmen erschien, kurbelte Rauch-Glatze das Autofenster herunter und rief: »Wenn ich das Geld nicht innerhalb kürzester Zeit auf meinem Konto sehe, komme ich wieder! Und das wird kein Freundschaftsbesuch.«

Nach dieser letzten Drohung brauste er mit quietschenden Reifen los. Sekunden später war das Schurkenauto um die nächste Ecke verschwunden.

Messerscharf kombinierte ich, dass seine Worte nur eines bedeuten konnten: Babs und Herr von Ansberg hatten sich geeinigt. Welch unfassbares Glück! Babs, Elli, Baal und ich hatten auf ganzer Linie gewonnen.

Meine Wuscheline kam durch Frau Geists Garten auf uns zugerannt und schloss mich in ihre Arme. Ich wurde geküsst und geherzt ... und küsste und herzte zurück. Selbst

Baal ließ es zu, von Elli sachte am Kinn gekrault zu werden. Ich ertappte ihn sogar dabei, wie er ein genießerisches Schnurren ausstieß.

»Danke«, sagte sie zu dem Kater.

Obwohl er stets so tat, als stünde er über allem, schien Baal doch froh darüber zu sein, dass er vor den Augen seiner Ankläger von aller Schuld reingewaschen worden war. Er war keine fiese Mörderkatze, sondern ein Retter in der Not.

»Ich muss mich um meine gute Frau Geist kümmern«, sagte er und räusperte sich, weil seine Stimme irgendwie gar nicht nach Baal klang. »Wir sehen uns später.«

Ohne auf eine Antwort zu warten, verschwand er im Haus, wo Frau Geist sich inzwischen wieder eingekriegt hatte. Babs kam sichtlich gut gelaunt aus dem Nachbarhaus. Sie winkte uns zu und Elli rannte los. Natürlich mit mir im Ärmel. Auf der Straße fielen wir uns lachend in die Arme.

»Ist es vorbei?«, flüsterte Elli.

»Ja, es ist vorbei«, bestätigte Babs. »Herr von Ansberg hat unserem Angebot zugestimmt.«

Babs lächelte schelmisch und fing an, Ellis Lieblingslied zu singen: »Im Walde von Toulouse …«

Sofort sang meine Wuscheline mit: »Gibt's keine Räuber mehr! Schnedder-reng, peng peng!«

Bei diesem schiefen Geplärre wurde mein Hamsterherz warm und meine Schnauze feucht. Und selbst ich, der ich niemals singe, summte leise mit und tapste im Takt mit der Pfote auf.

Mir fiel ein, dass ich für die »Icke und Piet – Flieg & Schiet«-Agentur noch einen dicken Auftrag in petto hatte. Der Ditzendorfer Polizist hatte schließlich noch einen Besuch verdient dafür, dass er uns nicht geholfen hatte. Und für Herrn von Ansberg zog ich sogar einen Dauerauftrag in Betracht. Bei der Vorstellung, dass er immer mit Taubenkacke begrüßt wurde, wenn er vor die Tür trat, musste ich schmunzeln.

Nachdem Elli ihre Freunde, so gut sie konnte, aufgeklärt hatte, lud Babs alle zu einer Pfannkuchenparty zu uns nach Hause ein. Beim Wort »Pfannkuchen« machte sich mein Magen bemerkbar. Während wir nach Hause radelten, rechnete ich bereits in Gedanken aus, wie viele Pfannkuchen ich wohl direkt futtern könnte und wie viele ich in meinen Backen hamstern sollte. Für später.

Zutiefst glücklich saßen wir kurz darauf mit Ellis Freunden um den Tisch herum. Dank des Tierasyls würden wir nun vermutlich doch nicht so richtig, richtig reich werden. Aber vielleicht blieb ja trotzdem noch genug für eine Schifffahrt übrig.

Und selbst wenn nicht, war ich zweifellos der glücklichste Hamster der Welt. Ich hatte immer noch mein geliebtes Uhrenpendel, jede Menge Abenteuer direkt vor der Haustür und sogar einen neuen, vierbeinigen Freund. Und das

36

Wichtigste, das Aller-aller-wichtigste war sowieso, dass wir drei zusammen waren. Wir waren in Sicherheit – und der Lottoschurke war erledigt.

Schnedder-reng, peng peng!

Bob Konrad / Daniela Kohl

## Der Knäckebrotkrach

Bei Oma und Opa fliegen die Fetzen

Eigentlich sollte es diesmal wirklich ein friedlicher Besuch bei den Großeltern werden. Aber schon am ersten Tag in Vogelzwitsch merken Mayo und Super, dass daraus nichts wird. Zwischen Oma Elfe und Opa Isi entbrennt ein großer Streit. Am Anfang geht es nur um Knäckebrot, aber dann liegen sich auf einmal alle erwachsenen Bewohner des Dorfes in den Haaren: mit Rollatoren, Stinkesocken und Gemüseschleudern gehen Tanten und Onkel aufeinander los. Ob Mayo und Super eingreifen und den Frieden wieder herstellen können?

Arena

Auch als E-Book erhältlich


96 Seiten • Gebunden
ISBN 978-3-401-60307-0
www.arena-verlag.de

Jörg Steinleitner

## Die Barfuß-Bande und die geklaute Oma

Wer denkt, dass Sommerferien auf dem Dorf langweilig sind, der hat sich getäuscht: Ausgerechnet am ersten Ferientag verschwindet Tannes Oma Schnitzel spurlos. Gut, dass Corvin (9), Kiki (10), Ben (10) und Tanne (11) eh gerade eine Bande gründen wollten: die Barfuß-Bande. Und die hat es bald nicht nur mit Barfüßen und einer entführten Oma, sondern auch mit einem richtigen Schatz zu tun.

Auch als Hörbuch bei JUMBO

Arena

160 Seiten • Gebunden
Mit farbigen Illustrationen
von Daniea Kohl
ISBN 978-3-401-60475-6
www.arena-verlag.de

Alex T. Smith

# Mr. Pinguin

## Mr. Pinguin und der verlorene Schatz

Mister Pinguin ist selbsternannter Detektiv und Abenteurer – und mehr als bereit für seinen ersten Fall. Da klingelt endlich das Telefon im Iglu-Detektivbüro. Im »Museum exklusiver Seltsamkeiten« ist ein Goldschatz verschollen! Mister Pinguin und sein Assistent, die Kung-Fu-kämpfende Spinne Colin, wissen: Mit Fischstäbchen und einer frisch geputzten Lupe im Gepäck lässt sich jedes noch so knifflige Rätsel lösen. Doch unter dem Museum lauert ein ganzer Dschungel voller Geheimnisse auf sie …

208 Seiten • Gebunden
ISBN 978-3-401-60450-3
Auch als Hörbuch bei JUMBO erhältlich

## Mr. Pinguin und die Burg der dunklen Schatten

Nach einem rumpeligen Flugzeugabsturz landet Mister Pinguin kopfüber im nächsten Fall: In Schneedorf-auf-dem-Gipfel sind sämtliche Haustiere verschwunden! Auch wenn es in den Bergen weit und breit keine Fischstäbchen gibt, beschließt Mister Pinguin, den Dorfbewohnern zu helfen. Plötzlich funkeln in der dunklen Burg am gegenüberliegenden Berggipfel gruselige Lichter auf und es riecht nach düsteren Geheimnissen …

280 Seiten • Gebunden
ISBN 978-3-401-60471-8
www.arena-verlag.de

Moin
TRAUM REISEN
Buchungsbestätigung
Traum Reisen A. Traum GmbH
Frau
REISETICKET
REISETICKET
MS Merian
Ihre Reise mit der MS Merian